平凡社新書
843

フィンテック革命の衝撃

日本の産業、金融、株式市場はどう変わるか

藤田勉
FUJITA TSUTOMU

HEIBONSHA

フィンテック革命の衝撃●目次

第1章　AI革命で進化するフィンテック

第5章 フィンテックで個人金融サービスは変わる

第6章　そして、日本株は復活する

はじめに

　フィンテック（FinTech＝Financial Technology）は、人工知能（ＡＩ）やブロックチェーンなどの新技術によって、金融サービスを革新的に高度化するものである。この技術は、産業の血液であるマネーの流れを大きく変えるため、金融業界のみならず、産業界全体が大きく変わることだろう。そして、我々の生活や、街の姿を大きく変える力を持つ。

　また、事業会社と金融機関の事業の垣根を下げる効果があり、その結果、多くの事業会社が金融サービスに参入することであろう。

　これまでも、事業会社による新規参入は、金融サービスを活性化してきた。たとえば、オンライン証券の参入によって、個人投資家の株式売買コストは劇的に下がった。ソフトバンクグループ（以下、ソフトバンク）をルーツとするＳＢＩ証券が、その代表格である。

　さらに、セブン銀行などの参入によって、現金自動受払い機（ＡＴＭ）が利用しやすくなっている。ただし、これらは、株式売買やATMなど金融サービスの一部にとどまっている。

ところが、フィンテック時代には、これが、資金調達、資産運用、決済・送金、貸付、保険など幅広い分野に広がり、個人向け金融サービスの利便性が大いに高まる。今後、ほとんどの個人向け金融業務は、AI化されるだろう。たとえば、資金決済がスマートフォンでできればATMの利用は不要になる。住宅ローンや消費者金融なども、AIが審査してくれる。クラウドファンディングによって、企業が個人から直接資金調達することも可能になる。こうして、これまでのように銀行や証券会社の支店に行く必要はなくなるのである。

IT革命によって、街からレコード販売店はなくなり、本屋の多くは消えていった。百貨店や大型スーパーマーケットの多くが閉鎖される一方で、街には、アマゾンなどの荷を扱う宅配業者が多くみられるようになった。同様に、フィンテック時代には、街から銀行や証券会社の支店が消えて、スマートフォンが金融サービスの主役になるだろう。

財布のなかには、多くのクレジットカード、運転免許証やキャッシュカード、電子マネーのカードが入っているため、財布が分厚くなる。ところが、この新たな時代には、1枚のカードが、これらの機能のみならず、マイナンバーのカード、健康保険証、パスポートなども兼ねるようになる。そして、スマートフォンがこれらの機能をすべて持つようになるだろう。

フィンテックは、以下によって、日本経済、企業経営、そして株式市場を大きく変化させる可能性がある。

第1に、個人金融資産の運用が活性化する

現在、金融庁は少額投資非課税制度（ＮＩＳＡ）導入に続き、金融機関による販売姿勢の適正化に注力している（フィデューシャリー・デューティー、顧客利益の最優先）。たとえば、金融機関が複雑な金融商品を高齢者に販売して、高い手数料を稼ぐことを抑制しようとするものである。こうした金融庁の姿勢とフィンテックによる金融サービスの高度化によって、これまで眠っていた１７００兆円を超す個人金融資産が本格的に稼働しはじめることだろう。

１７００兆円の個人金融資産の生み出す利息配当収入は、年間14兆円にとどまる（２０１５年）。年０・８パーセントの利回りが１ポイント増えるだけで、利息配当収入は17兆

円（GDPの3パーセント強）増える。米国債や日本株の利回りは2パーセント前後であるので、これは現実的な話である。

第2に、市場にリスクマネーが供給される

マネーの流れが変われば、株式市場を中心とする金融市場に大きな影響を与え、産業全体を大きく変えることだろう。クラウドファンディングなどによって、ベンチャー企業に長期のリスクマネーがふんだんに供給されることが期待される。

第3に、企業収益を向上させる

事業会社による金融事業の営業利益は意外に大きい。トヨタ自動車のそれは3000億円台、日産自動車は2000億円台、ホンダ、ソニーは1000億円台である（2015年度）。金融業に比較的新しく参入したイオン、SBIホールディングスはそれぞれ500億から600億円台の利益を得ている。フィンテックによって、これらの利益はさらに増えると予想される。

アベノミクスは、「黒田バズーカ」に代表される金融政策から、AI革命を中心とする成長戦略にその軸足を移していくだろう。そして、AI革命の柱の一つであるフィンテックが、バブル崩壊後、30年近く低迷してきた日本株市場を復活させることだろう。

バブル崩壊後、日経平均は1989年末の3万8915円を大きく下回ってきた。その後、ITバブルやアベノミクスなどがあったものの、日経平均は2万円前後を天井として、その後大きく下落した。フィンテック革命は、マネーの流れを大きく変えて、日経平均2万円の壁を打ち破ることが期待される。

すでに、フィンテックに関する本は数多く出されているが、それらの多くは、ブロックチェーンやビットコインなど技術的な説明に重点が置かれている。そこで、本書では、フィンテックの説明と併せて、フィンテックによって、企業経営や金融市場がどのように変化するかに焦点を当てて分析を進める。

第1章　ＡＩ革命で進化するフィンテック

1　ＡＩ抜きにフィンテックは語れない

ＩＴ革命からＡＩ革命へ

フィンテックは、ＡＩ（人工知能）革命の一分野である。このため、フィンテックを理解するためには、まずはＡＩ革命を理解する必要がある。

フィンテックは、ＡＩ革命と関連する分野と、直接関係しない分野に分かれる。ブロックチェーンや仮想通貨を除くと、多くのフィンテック分野は、ＡＩに関連する。金融業のなかでも、貸付、資金調達、資産運用、保険は、急速にＡＩ化が進むだろう。とりわけ、これらのなかでも、リテール金融サービスが大きく変わると予想される。

現在、情報通信革命（ＩＴ革命）からＡＩ革命へ、急ピッチで移行している。ＩＴ革命は、インターネットを中核として、移動体通信技術、コンピュータ機能の向上が複合して進化を続けてきた。ＩＴ革命によって、仕事のみならず、買い物、娯楽など我々の生活は一変した。

ＡＩは、すでに、特定の分野では、人間の専門家の能力を超えている。ＡＩが、チェスや囲碁の世界チャンピオンに勝つという実績をあげている。実際に、ＡＩと対戦したチェスや囲碁の世界チャンピオンは、「人間の名人だと、打つ手を読み違え、勘違いすることがある。しかし、ＡＩであれば、勘違いや物忘れはない」という。

ＡＩでは、機械学習技術（人間の学習能力をコンピュータで実現する技術）やディープラーニング（深層学習）などを通じて、情報処理・分析能力の精度やスピードが向上していくことになる。実際の利用用途としては、識別、予測、実行の３分野があげられ、すでに実現しているものも多い（安宅和人「人工知能はビジネスをどう変えるか」〔第２章〕、ＤＩＡＭＯＮＤハーバード・ビジネス・レビュー編集部編『人工知能――機械といかに向き合うか』〔ダイヤモンド社、２０１６年〕参照）。特に、機械化が先行した製造工程よりも、自動化が遅れているサービス業でＡＩが活躍するだろう。

ＡＩ革命の主戦場

ＡＩ革命は、世界的に新しく巨大な市場を生み出すことだろう。ＡＩ革命の主要な分野は、以下の通りとなる。

1　自動運転

自動車は世界最大の産業だ。自動車ビジネスは、たんに、自動車製造だけでなく、販売、サービス、修理、ガソリンスタンド、カー用品、駐車場、タクシーやトラックの運転手、保険など、幅広い職種を生んでいる。

現在、世界で12億台走っている四輪車は、ほとんどが手動運転である。1年間に新車が約9000万台供給されるが、これが、やがては、すべて自動運転車になると予想される。日本は世界有数の自動車大国であり、メーカー別生産販売台数で、上位10社にトヨタ自動車、日産自動車、ホンダ、スズキがランクインする（2014年）。よって、新しい市場を創造する自動運転は、日本の自動車メーカーに大きな恩恵を生み出すことだろう。

2　ロボット

これまでのロボットは、工場の製造現場などで活躍してきた。産業ロボットの稼働台数では、日本が世界1位だ。ファナックを筆頭に、日本企業が大いに得意とする分野である。

しかし、AI革命においては、製造業と比較して生産性の向上が十分でないサービス産業でも、ロボットが活躍するだろう。今後、医療、介護、運送、建設、サービスなど幅広いサービス分野が大きな市場を形成しよう。この分野でもっとも先行するのはソフトバンクである。

3　フィンテック

フィンテックとは、マネーにかかわるビッグデータを処理するテクノロジーである。つまり、金融とテクノロジーの融合であるが、主役はあくまでテクノロジーであって、金融ではない。資産運用、資金調達、保険、決済・送金などすべての分野で、AI化が進むであろう。

もちろん、教育や法律や行政などの高度な知識を必要とする分野でもAI革命は進行する。しかし、これらの市場規模は現時点で大きくないため、AI革命の市場としてもさほど大きくならないだろう。その点、自動運転、ロボット、フィンテックは、元々の市場規模が大きいので、AI革命によってさらに市場が拡大するだろう。これら3分野以外では、医療・健康サービスが有望である。

AI革命とフィンテックの関係

フィンテックとAI革命の関連が深い最大の理由は、金融とITの親和性がたいへん高いからである。

金融は、データをデジタルの数字で記録することが中心であるため、必ずしも現物をみる必要はない。そもそも、今では、株式も国債も電子化されているので、現物をみようと思ってもみることはできない。運ぶ必要もなければ、通信コストもほとんど、ただに近い。

このように、金融はITで処理することにたいへん向いている。

その点、通常のオンラインショッピングでは、そうはいかない。たとえば、インターネットで、テレビを買うことは可能だ。しかし、50V型の画面のテレビが、高画質といわれても、実際に実物をみてみないと、画質を実感することはできない。そして、大きなテレビを配送するには費用がかかる。さらに、テレビが家庭に運ばれてきても、梱包を外して、ブルーレイレコーダーの配線などをしなければならない。

一方で、フィンテックでありながら、AIに直接関係がないのが、ブロックチェーン、仮想通貨、ビットコインである。

ブロックチェーンはビットコインをつくるために開発された技術であり、仮想通貨の約8割がビットコインである。そして、ブロックチェーンは、株式の登録や不動産の登記など仮想通貨以外の用途にも使うことができる。

AI革命の中核技術

ＡＩ革命をもたらした中核技術は、以下の3技術である。そして、これらのなかでも、ディープラーニング（深層学習）の重要性がもっとも高い。

1　IoT（Internet of Things）

ＩｏＴは、すべてのものをインターネットにつなげることを指す。ＩｏＴにおいて重要であるのはセンサであり、多くのセンサで、大量のデータを瞬時に取得できる。

2　ビッグデータ

ＩｏＴによって、最新のデータが豊富に蓄積される。しかも、そのデータを低コストでどこでも瞬時に取り出すことができる。これには、大容量の移動体通信技術が必要となる。

3　ディープラーニング（深層学習）

ＩｏＴなどによってつくりあげたビッグデータを使って、コンピュータ自身が継続して学習をする。その学習を通じて、高度な人工知能ができあがる。ＡＩの範疇に機械学習があり、機械学習が進化したものがディープラーニングである。

これら以外にも、ＡＩ革命には、ＡＰＩ（アプリケーション・プログラミング・インターフェイス）、生体認証などの技術がかかわる。しかし、ＡＰＩや生体認証がなくてもＡＩは実現できるが、ＩｏＴ、ビッグデータ、ディープラーニングの一つでも欠けると、高度なＡＩは実現できない。

ＡＩを実用化したディープラーニング

ＡＩの概念は１９４０年代に生まれ、１９５０年代にＡＩという言葉が初めて使用された。このように、その歴史は意外に古い。ただし、本格的に活用されはじめたのは２０１０年代に入ってからだ。その最大の理由は、ＡＩに関連する技術が大いに向上したからだろう。なかでも、２００６年に考案されたディープラーニングの重要性は高い。

２００６年に、トロント大学のヒントン教授らにより、ディープニューラルネットワーク（ディープラーニング）の論文が発表され、２０１２年に、画像認識精度（トロント大学が開発したスーパービジョン）が大きく向上した。そして、大手ＩＴ企業や各国政府が、２０１３年より、ディープラーニングへの投資を活発化させた。２０１３年以降の第３次ＡＩブームは、ディープラーニング・機械学習の時代といわれる。

機械学習（ワトソン型ＡＩ）は、専門家（大人）の人工知能といわれ、ＩＢＭのWatson（ワトソン）、ＩｏＴ全般、アップルのSiri（シリ）、ソフトバンクのPepper（ペッパー）がその例である（松尾豊「人工知能、ディープラーニングの最近の展開」〔財務総合政策研究所「企業の投資戦略に関する研究会――イノベーションに向けて」第２回会合、２０１６年9月26日〕）。自然言語処理、機械学習がベースで、対話、質疑応答、情報提示の最適化が中心である。

様々なパターン、つまり、経験から学ぶためコグニティブ（経験に基づいた）・コンピューティングといわれる。コグニティブ・コンピューティングとは、ビッグデータから学習し、自然な対話を通じて、ユーザーの意思決定を支援する技術である。これは、単純なパターンの繰り返しに強い。たとえば、「卒業アルバムの顔写真から特定の人物を探し出す」

などがある。

ディープラーニング型ＡＩは、機械学習をより高めたものである。機械学習と比較して、機能強化を自動化している点が異なる。画像認識や運動の上達など、小さな子供のできるようなことが実現可能となっており、言語の意味理解、認識、作業の上達ができる。

たとえば、フェイスブックで友達と一緒に写った写真をアップロードすると、自動的に顔を認識してその人の名前が表示される。同じ人の顔の角度が変わっても、97パーセントの確率で顔認識ができる（多少の間違いがあるのは人間と同じ）。これはディープラーニングである（Yaniv Taigman, Ming Yang, Marc' Aurelio Ranzato and Lior Wolf, "DeepFace: Closing the Gap to Human-Level Performance in Face Verification", Facebook AI Research, June 24, 2014）。

世界最先端のAI技術：IBM、アルファベット（グーグル）、マイクロソフト

現状では、世界のＡＩ開発をリードしているのが、ＩＢＭ、グーグル、マイクロソフトの３社である。これまでＡＩで世界をリードしてきたのは、それら３社のなかでもＩＢＭである。

IBM

IBMのWatson（ワトソン）は、ビッグデータの増大に伴い、機械学習技術を応用したものである。これを、コグニティブ・コンピューティング・システムとして商用化した。

ワトソンでは、クラウドを基盤に提供されるシステムにより、自然言語で投げかけられた複雑な質問を解釈し、根拠に基づいた解答を提案する。つまり、非構造化データ（音声、画像などデータベース化になじまないデータ）を分析し、複雑な質問を理解し、答えと解決法を提示することができる。たとえば、すべての資料から主要な情報を素早く取り出す、様々なデータ間の洞察、パターンや関係を明らかにすることができる。

ワトソン・エコシステムを通じて、クラウド上で広く利用できる仕組みとなっており、幅広いユーザーがいる。2015年に創設されたワトソンヘルス部門では、医師の診断や病気の予測を支援している。最近では、白血病を10分で見抜いたことがニュースで取り上げられた。

2016年にはワトソンIoT事業部を創設した。IBMでは、IoTが効果を発揮する領域として、「つながるクルマ」「スマート・マニュファクチャリング」「コネクテッド・ライフ」「ヘルスケア」「スポーツやエンターテインメント」「小売業の店舗」の、6

つのユースケースを想定している。

日本でも、2016年より、日本IBMとソフトバンクが、ワトソンの開発と日本市場への導入で提携している。ソフトバンクの人型ロボット、ペッパーは、ワトソンのAIを使って、顧客の言葉、身振り、表情を理解し、自然な会話ができるようになった。みずほ銀行は、ロボットによる銀行業務への対応の高度化に向け、支店において、ワトソンと連携したペッパーが宝くじ販売の応対をしている。

アルファベット(グーグル)

2015年に、持株会社化により、上場会社名はアルファベットとし、傘下に、グーグルを中心とした企業を抱える。以下、株価など、グループ全体を表す時にはアルファベットと表記し、クラウド、自動運転など事業分野にかかわる際にはグーグルの名称を使う。

アルファベットの主力事業は、オンライン広告である。その売上高のほとんどがグーグル部門であり、全体の90パーセントが広告収入である。広告収入は、おもに、アドワーズ、ユーチューブ、Gメール、グーグルファイナンス、グーグルマップ、グーグルプレイからの収益で構成される。ほとんど無料でサービスを提供し、アクセス数を増やした上で、広

アルファベット、マイクロソフト、IBMの株価の推移

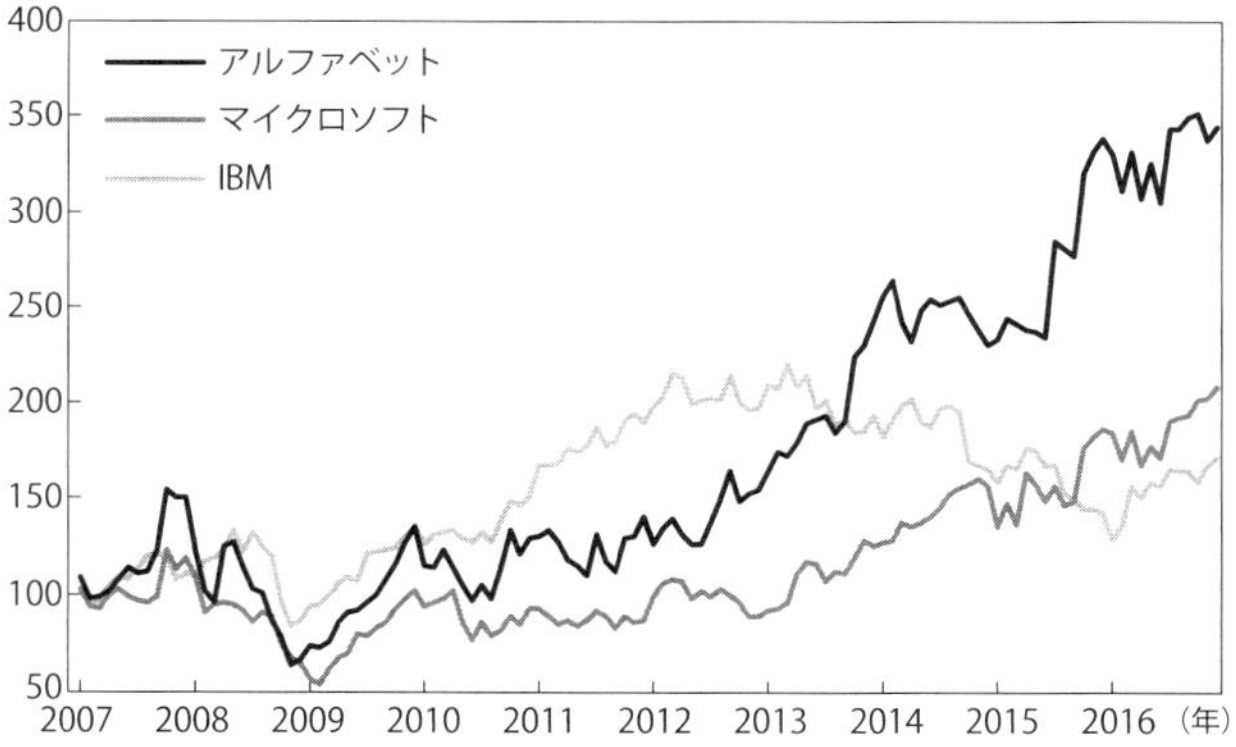

注：2006年末＝100。アルファベットはA株。　出所：ブルームバーグ

告収入を稼ぐというビジネスモデルだ。

グーグルが買収したディープマインドは、ＡＩの研究・開発を行う企業である。ディープマインドが開発したアルファ碁は、ＡＩを使ったコンピュータ囲碁プログラムである。２０１５年に、欧州チャンピオンに勝利し、２０１６年には、世界トップクラスの囲碁棋士イ・セドル九段（韓国）に勝利し、世界を驚かせた。

そのディープマインドが、２０１６年に『ネイチャー誌』で次世代人工知能技術、ＤＮＣを発表した。ＤＮＣは、人間のように記憶し、複雑な構造化データから答えを導き出すことができるという。たとえば、ロンドンの地下鉄路線図を記憶し、適切な経路を生成

できる。AI技術を向上させることにより、利用者にとって、様々なアプリがより便利に使えるようになり、結果として広告収入を増やすことができるだろう。

マイクロソフト

創業者ビル・ゲイツ、そして、2代目CEOスティーブ・バルマー時代は、パソコンの会社だったマイクロソフトが、今、大きく変身しつつある。2014年に、サティヤ・ナデラが3代目CEOに就任し、経営改革に成功してから、マイクロソフトの株価は急上昇している。1992年にマイクロソフトに入社したナデラCEOは、エンジニア出身であり、就任前は、クラウド＆エンタープライズ担当の幹部だった。

株価上昇の一要因として、クラウド事業の成功があげられる。ビッグデータで重要であるのが、クラウド・コンピューティングである。クラウド・コンピューティングは、インターネットなどのネットワークを通じて、いつでもどこからでも利用できるシステムである。要は、ビッグデータを蓄積する場所がクラウドのネットワーク上なのだ。

クラウド事業で、Office365（オフィス365）、Azure（アジュール）、ダイナミクスオンライン（顧客管理アプリ）などを展開し、商業用クラウドの売上高は大きく増加している。

これまで、ユーザーはマイクロソフトからパッケージソフトを購入していた。ところが、オフィス３６５では、ソフトウェアがオンライン配信され、随時、アップデートされていく。

ナデラＣＥＯが、次に力を入れるのがＡＩだ。ＡＩ技術を活用したマイクロソフトのCortana（コルタナ）は、ウィンドウズ10の音声パーソナルアシスタントである。これは、アップルのシリやグーグルナウに類似した機能を持つ。ＩＢＭのワトソンに相当するのがコルタナである。

マイクロソフトは、コルタナについて、デジタルエージェントと説明する。検索ボックスに質問を入力するか、マイクを通じて話しかけると、検索結果を取得できる。使えば使うほど、ユーザー個人向けにカスタマイズされる。

さらに、コルタナ・アナリティクス・スイートでは、アジュール、Power BI（ビジネスデータをビジュアル化し、分析するツール）、ディープラーニングを利用するモジュール、コルタナといった複数のサービスを包括したプラットフォームを提供している。複数サービスを利用する顧客のビッグデータを集約し、高度な分析を行い、実際のアクションを支援する。

アマゾン、アップル、フェイスブックも追随

ＩＢＭ、グーグル、マイクロソフトのＡＩ開発競争ははじまったばかりだ。しかし、先行する３社を追って、以下の３社も激しい開発競争に参加している。現時点では、前述の３社に後れを取るが、いずれも強力なプラットフォームを持つため、個々の技術について、ＡＩ関連企業の買収を重ねて、プラットフォーム全体の技術力を強化している。

アマゾン

アマゾンは、クラウド事業であるアマゾン・ウェブ・サービス（ＡＷＳ）に注力しており、クラウド事業の売上げは世界最大である（２０１５年）。クラウドとＡＩの融合で、アマゾンは、先行３社の追い上げを図る。ＡＷＳの事業に人工知能を導入し、規模の経済効果を狙う（後藤大地「アマゾンが「人工知能」で先端にいられる秘密」〔東洋経済オンライン、２０１６年12月５日〕）。ＡＷＳでは、ディープラーニングに基づく画像認識サービス、文章を音声で読みあげるサービス、音声や文章を使用した会話型インターフェイスなどを提供している。

Amazon Echo（アマゾン・エコー）は、Alexa（アレクサ）と呼ばれる人工知能技術を利用

したハンズフリーのスピーカーである。音声で各種アプリを操作し、音楽を聴き、ニュースや天気といった情報を得ることが可能である。

フェイスブック

フェイスブックは、画像認識技術に注力している。２０１３年に創設されたフェイスブックＡＩリサーチ（ＦＡＩＲ）は、コンピュータに人間レベルの知能を実現するための研究開発を行っている。フェイスブックＣＥＯのザッカーバーグは、年初に個人の目標を公表しているが、２０１６年に、自宅にＡＩの執事を設置することをあげた。

アップル

アップルは、他社に比較して、やや出遅れ気味である。アップルのシリは、iPhone（アイフォーン）、iPad（アイパッド）などに搭載されている音声認識技術である。２０１０年に、アップルが、ＳＲＩインターナショナル（スタンフォード研究所）より独立した企業から買収した。

友達に話しかけるように、シリに声をかけることで、メッセージを送ったり、情報を検索したり、電話をかけるといったことが可能である。また、HomeKit(アップルの家電集中管理システム)と連携させることで、家にある照明や、空調などを自分の声でコントロールできる。

2 AIで何が変わるのか

AIやロボットが与える影響

ここまで、AIの肯定的な面ばかりみてきたが、当然、すべての事柄には、負の側面がある。IT革命同様に、AI革命は、様々な業務を消滅させるだろう。

たとえば、ITの発達は、多くの単純作業を代替していった。かつて、鉄道の改札では、切符にハサミを入れる人が多くいたが、自動改札化やSuica(スイカ)など交通系電子マネーの普及により今ではほとんどいなくなった。ETCの普及により、高速道路の料金収受業務もほとんど人がいない。買い物はアマゾンがシェアを伸ばしており、その結果、イトーヨーカ堂やイオンですら苦戦している。大手小売店が次々に閉鎖されており、オンラインショッピングの台頭で、レジ打ち業務を徐々に代替しつつある。

ただし、単純労働でも、IT革命から大きな影響を受けなかった業種もある。たとえば、コンビニエンスストア（以下、コンビニ）やファミリーレストラン（以下、ファミレス）の従業員の労働サービスは、30年前と今を比較しても大きな変化はない。掃除やごみ処理をする人も、その働き方が大きく変わっているわけではない。おそらく、AI革命が進行しても、レストランのウェイター・ウェイトレスや、チェーン店の販売員はなくならないだろう。

まとめると、IT革命は、おもに単純労働を代替してきたといえよう。そして、AI革命は、単純作業よりは、高度な知的産業において大きな影響を与えるのではないだろうか。

AIは知的労働者を代替する

人工知能革命というだけあって、比較的、高学歴でかつ高所得の職種は影響を受けやすい。高い専門性が求められる職業（会計士、弁護士、医師、パイロットなど）の多くは、仕事の相当部分が自動化する一方で、ごく限られた創造的な仕事ができる人のみ生き残っていけるだろう。

その一例が、医療である。近い将来に、患者の症状、病気の履歴、人間ドックのデータなどを入力すれば、その患者の抱えている病気、治療方法、使うべき薬などを、ＡＩが示してくれる。これで、誤診が少なくなり、治療も短時間で効率的にできるようになるだろう。

そして、手術を含めて遠隔医療が可能になる。たとえば、米国にいる名医がインドの患者の手術を行い、その後のケアもできるようになる。このため、僻地や新興国の医師不足にも対応できるようになるだろう。結果として、能力の高い医師がより多くの患者を治療できるようになり、能力の高くない医師や看護師などを淘汰《とうた》してしまうことも考えられる。

弁護士も同様だ。多国籍企業の買収には、各国の会社法、税法、独占禁止法、金融法制など数多い法制度が関連する。それも、成文法（国会などで制定する法律）だけではなく、判例法（裁判所の判決が積み重なって、法規範になるもの）を含めて幅広い。もちろん、外国語で書かれているものが多い。これを、ひとりの弁護士が読みこなすのはたいへんだが、ＡＩであれば、短時間に処理できる。

このように、将来、医師や弁護士ですら、かなりの部分をＡＩが代替することになるだろう。同様に、会計士や税理士などの知識集約産業も、ＡＩでかなり代替できる。たとえば、教育であれば、研修などもＥラーニングでできるし、学習塾もオンラインでできるようになっている。

そのなかでも、金融は、もっともＡＩで代替しやすい分野である。金融は、デジタル数字で処理可能であるため、ＡＩと親和性が高い。その点、ファミレスやファストフードとは大きく異なる。だからこそ、ＡＩのなかでもフィンテックが有力な分野なのである。

フィンテック時代には、おそらく、銀行、証券、保険の販売員のかなりの部分はＡＩで代替されるだろう。資産運用では、ファンドマネージャーやアナリストも多くが不要になるかもしれない。スマートフォンでの決済が主流になり、現金を使わなくなれば、現金自動受払い機（ＡＴＭ）が不要になる。こうして金融業は劇的に変化することだろう。

AIで仕事がなくなる？

10年から20年後に、日本の労働人口の約49パーセントが、ＡＩやロボットに代替される可能性が高いとの試算がある（野村総合研究所「日本の労働人口の49％が人工知能やロボット等で代替可能に――６０１種の職業ごとに、コンピューター技術による代替確率を試算」〔２０１５年12月２日〕）。仕事がなくなるのは全体の5パーセント以下であるものの、全職業の60パーセントのうち、少なくとも業務の30パーセントが自動化されるとの予測もある（James Manyika, Michael Chui, Mehdi Miremadi, Jacques Bughin, Katy George, Paul Willmott and Martin Dewhurst, A Future that works: automation, employment, and productivity, McKinsey Global Institute, January, 2017）。

確かに、その通りだろう。しかし、それは、AI革命によって雇用がなくなるというわけではない。IT革命が新しい雇用を生んだように、AI革命も新しい雇用を生むことだろう。実際に、ITが進化するなかで、世界の失業率は大きく低下してきた。日本の失業率はバブル崩壊後最低水準にある。

たとえば、IT革命によって、街からレコード屋やレンタルビデオ屋が消えた。しかし、IT革命によって新しい雇用が生まれている。ドコモショップなどの通信機器サービスの拠点は、多くの雇用を生んでいる。スマートフォンで気軽にゲームが楽しめるようになり、ゲーム製作者の雇用は増えている。映画でも、画像処理技術の発達により、アニメ映画の質が著しく向上し、『君の名は。』は、実写映画よりもはるかに大きなヒットとなっている。こうして、映画産業は大いに潤っている。

AI革命によって、自動運転が普及すれば、自動車事故がほとんどなくなるので、自動車保険はなくなるかもしれない。あるいは、タクシーやハイヤー、バスやトラックの運転手はなくなるだろう。

しかし、レベル４の完全自動運転が実現すれば、運転手が不要になり、物流コストが低下するため、流通業者にメリットが大きい。運転をしなくて済むのであれば楽なので、観光やゴルフに行く人も増えるだろう。このように、プラス面も大きい。

知識労働者は、機械が代替してくれた時間を使って、より創造的で高い付加価値を提供できるよう転換しなければならない。そこで、オーグメンテーション（拡張）という概念が提唱されている。それは、現行の人間の作業を基準とし、機械処理の拡大で、いかに人間の作業を深められるか（削減できるかではなく）を見極めることである（トーマス・Ｈ・ダベンポート、ジュリア・カービー「オーグメンテーション：人工知能と共存する方法」〔第１章〕、前掲、ＤＩＡＭＯＮＤハーバード・ビジネス・レビュー編集部編『人工知能――機械といかに向き合うか』参照）。

AIの限界

現状、ＡＩは、人間並みの知性を持ち合わせているわけではない。人間と比較した場合、ＡＩが持ち合わせていない特徴は、①意思がない、②知覚できない、③事例が少ないと対応できない、④ひらめきがない、⑤常識がない、などである〔前掲、安宅和人「人工知能はビジネスをどう変えるか」〔第2章〕50〜56ページ参照〕。

最大の問題点が、⑤の「常識がない」ことである。人間が、様々な社会的経験で学んできたルールや常識をすべて言語化し、AIに教え込むことは困難である。AIに向かって「空気を読め」といっても、無理がある。

AIの限界を示した例として、マイクロソフトが開発した学習型人工知能会話ボットTay〔テイ〕の失敗があげられる。テイは、10代少女という設定で、ソーシャルメディアのユーザーと会話することで学習するボットである。

しかし、マイクロソフトは、公開したばかりのテイを緊急停止させることになった。ネットユーザーが、会話により、悪意ある思想や見解を持つように誘導し、テイが人種差別的な発言をするようになったからだ。

このように、人間がAIを制御できない場合、AIが暴走する可能性も否定できない。AIのミスやシステムエラーによって、予見不可能な危険が発生することもあるであろう。自動運転車を運転中に、システムがクラッシュすれば、大惨事につながりかねない。

AIの弱点は、サイバーテロや悪意のある攻撃に対して弱いことである。自動運転は、通常の走行であれば、完全自動化することは技術上可能である。しかし、ハッカーが、走行中の自動運転車をハッキングし、大事故を狙って誤作動を起こさせることはありうる。

後述のビットコインも、利益を得る目的で改竄《かいざん》することは事実上不可能である。しかし、ビットコインを破壊する目的で改竄することは不可能ではない。現実には、コンピュータのウイルスやサイバーテロが頻繁に起こっているので、ＡＩに関しても潜在的なリスクはかなり大きいといわざるをえない。

3　ＡＩ革命で日本がリードする技術

AIを高度化させる第5世代移動体通信システム

ＡＩ革命の中核技術のうち、ディープラーニングの技術開発については、米国が世界を圧倒している。一方で、世界のなかで日本が優位性を持つＡＩの中核技術がある。それが、高速移動体通信技術である。加えて、ＩｏＴの中核技術であるセンサやデバイスも、日本企業が強い。

IoT、ビッグデータ、ディープラーニングすべてにかかわるのが、高速移動体通信技術である。いい換えると、AI革命の主要分野である自動運転もロボットも、高速移動体通信技術を抜きには実現できない。

世界的にも2020年頃には、第5世代移動体通信システム（5G）の商用化が見込まれ、日本、韓国、米国、中国が市場を先導するとみられている（Ericsson, "Ericsson Mobility Report : On The Pulse of the Networked Society", June 2016）。韓国では、サムスン電子、KTがノキアやエリクソンと提携し、2018年の平昌《ピョンチャン》オリンピックでの実用化を目指している。日本は、5Gを2020年に導入することを目指している。NTTドコモが、その開発の主導的な役割を担っている。

米国では、ベライゾンやAT&Tが中心となり、5Gの早期実現に向け、実証実験を行っている。ベライゾンは、2017年の商用展開を見込む。EUでは、2020年以降の5Gの商用インフラ整備に向けて、2018年より、実証実験を予定している。

5Gは、大量のデータを低コスト・低消費電力、超高速で送信することを実現する技術をいう。5Gは、以下の技術の確立を目指している。

1　4Gと比較して1000倍の移動通信容量（大容量化）
2　10Gbps以上のピーク速度（超高速化）
3　1ミリ秒以下の遅延（低遅延化）
4　100倍の接続機器数（多数接続）
5　低消費電力化

これによって、テレビでいえば、4Kや8Kのような超高解像度動画を楽しむことができる。要は、現在よりも大容量で瞬時に大量のデータ送信ができるということだ。ただし、技術的な障害は高いので、それらを乗り越える新技術の開発が必要になる。

5Gは、単に4Gを置き換えるだけではなく、IoT、自動車、産業機器、スマートメーター（通信高機能電力メーター）の新市場創出の主要技術として期待されている（総務省「電波政策2020懇談会報告書」〔2016年7月〕57〜77ページ参照）。4Gまでの開発は、高速化と大容量化に重点が置かれていた。たとえば、無線でテレビをきれいな画像で楽しむとか、音のきれいな音楽を聴くというニーズに対応してきた。

5Gの最大の特徴は、接続機器の数が多いことである。つまり、同時に多くの接続機器と交信できることだ。AI革命において最大の市場になると予想される自動運転において、接続機器の数が多いということはたいへん重要である。

5Gで加速するAI革命

自動運転システムでは、車載センサや無線などを通じて情報を収集し、位置情報、道路状況を分析・特定し、車をどのように動かすべきかを決定し、エンジンやハンドルを的確に動かす必要がある（伊藤元昭「連載04 自動運転が拓くモータリゼーション第2幕 第3回 自動運転を支える技術」〔『テレスコープマガジン』No.009、2015年11月2日〕）。車載センサや無線通信を使って衝突対象や障害物、周辺環境を検出する。つまり、センサが自動車の目や耳の役割を果たす。

車載センサが高度化するに従い、対象物のより精密な検証が可能となる。障害物のセンシングとして、ミリ波レーダー、レーザーレーダー（LIDAR）、テレビカメラ、ウルトラサウンドセンサ、白線レーンセンシングなどがある。トヨタ自動車やグーグルの自動運転車にも、レーザーレーダーが搭載されており、走行環境を把握する上で重要な技術となっている。

将来的に、こうした無線、ＧＰＳ、クラウドからの情報を利用してダイナミックマップ（高精度デジタル地図）を作成する技術の開発も行われている。こうした技術を組み合わせ、自動運転の早期実現を推進する。

しかも、通信が遅延しないというのも大事だ。センサが電波を感じるまでに時間がかかれば、それだけ、自動運転の判断が遅れる。たとえば、障害物を感知してブレーキをかける動作が遅れるということも起こる。このように、５Ｇは、レベル４の自動運転において不可欠ともいえよう。

高度道路交通システムで先行する日本政府の対応

日本政府は、自動走行システムの研究開発を産官学一体で推進している。

ＩＴＳ（高度道路交通システム）とは、道路交通の安全性、輸送効率、快適性の向上などを目的に、最先端の情報通信技術等を用いて、人と道路と車両とを一体のシステムとして構築する新しい道路交通システムの総称である。日本では、内閣府、警察庁、総務省、経済産業省、国土交通省が連携している。

現在、渋滞情報を提供するＶＩＣＳや料金決済を行うＥＴＣなどが、ＩＴＳの利用例である。また、センサを用いた衝突被害軽減ブレーキや車車間通信（車両同士の無線技術により、自車他車位置、速度情報などをやり取りする無線技術）、路車間通信（道路、信号機などのセンサから情報を取得する無線技術）を用いた安全運転支援システムも、実用化されている。

２０１６年の日本再興戦略において、自動走行システムの活用が掲げられた。「官民ＩＴＳ構想・ロードマップ２０１６」では、世界一のＩＴＳを構築・維持し、日本・世界に貢献することを目標に掲げる。そして、ＩＴＳ関連の車両・インフラを拡大し、２０２０年以降、自動走行システム化のイノベーションで世界の中心地となることを目指している。

第2章　金融サービスを変えるフィンテック

1 フィンテックとは何か

リテール金融ビジネスが劇的に変化する

フィンテックとは、「マネーにかかわるビッグデータを処理するテクノロジー」である。AI時代には、ビッグデータを処理するテクノロジーが多く存在する。その分野は、製造工程、医療、教育、行政など数多い。そのうち、マネーにかかわるものをフィンテックと呼ぶ。

つまり、フィンテックは金融（finance）と技術（technology）の合体した造語であるが、その主役は金融ではなく、あくまで技術である。このため、AIやブロックチェーンなどの技術革新が進むにつれ、フィンテックも発展するであろう。

AI革命は様々なビジネスを根本的に変えるが、それは、直接、間接に、金融サービスを抜本的に変えることだろう。たとえば、自動運転には、AIが不可欠である。将来、自動運転技術が発達すると、自動車の接触事故はなくなるかもしれない。そして、自動車事故がなくなれば、自動車保険がなくなることも考えられる。もちろん、自動運転時代には、タクシーやバスの運転手といった職業はなくなり、自動車教習所もなくなる。

ＡＩ革命によって進化したフィンテックは、リテール金融ビジネスの在り方を根本的に変える可能性を持つ。そのなかでも、特に、資産運用、決済・送金は、劇的に変化することだろう。

資産運用については、いち早くＩＴ化が進んだ個人投資家の株式売買では、オンライン証券が全体の90パーセント前後のシェアを持つ。同様に、銀行、保険などにおいても、リテール分野を中心に急速な変化が起こるであろう。多くの金融サービスは、スマートフォンでできるようになるだろう。その結果、ハイカ（ハイウェイカード）やテレカ（テレホンカード）がほぼなくなったように、スイカやパスモ（PASMO）も、現在と同じ形をとどめることはあるまい。

スマートフォンで買い物の決済ができるようになれば、何枚もクレジットカードを持つ必要はなくなる。クレジットカード会社は、購入代金に対し平均4パーセントの手数料を加盟店から徴収する。フィンテック時代には、これが半分以下になるのではないか。たとえば、ＡＩが顧客の信用リスクを多角的に審査して、貸倒れ金を減らし、仮想通貨の活用などによって送金コストを減らすことができれば、加盟店からの徴収率は下がるはずだ。

一方で、ホールセール金融サービスのフィンテック化には時間がかかりそうだ。フィンテックでは、クラウドファンディングやP2Pレンディング（詳細は後述）といった資金調達までITで行うことが可能となる。ただし、2010年代に、これらが資金調達の主役になることはあるまい。

フィンテック時代のリテール金融サービス

一般に、銀行の支店で受けるサービスは、預金、送金、税金などの支払い、投信（投資信託）などの資産運用、保険、借入、住宅ローン、貸金庫などがある。

現在でも、貸金庫や借入などごく一部を除き、ほとんどのサービスが、コンビニ、あるいはオンライン銀行でも利用できる。そして、近い将来、スマートフォンで、ほとんどのサービスが利用できるようになるだろう。おそらく、今後、リテール金融サービスの中核である証券会社や銀行の支店の在り方が大きく変わる可能性がある。

現在、ほとんどの支店で、住宅ローン担当者がいる。しかし、AIが発達すれば、住宅ローンは、スマートフォンで借りられるようになるかもしれない。そうなれば、住宅ローン担当者の多くは不要になる。

資産運用も同様だ。預金、外貨預金、投信購入などは、いずれもオンラインで可能である。しかも、オンラインのほうがコストは低く、銀行に行く必要がなく、しかも24時間いつでもサービスを受けることができる。明らかにこちらのほうが利用者にとって利益が大きい。

銀行の支店のATMについても、多くの場合、コンビニのATMで代替できるのではないか。セブン銀行、イオン銀行に続き、2018年度にはローソン銀行が営業を開始する予定である。今でも、少額の現金引き出し、少額の公共料金の支払いなら、コンビニで済ますことができるが、ますます利便性が向上するだろう。

いい換えれば、金融機関の支店がなくても、金融ビジネスを展開できるということだ。やがて、街からレコード店が消えたように、フィンテック時代には、街から銀行や証券の支店が消えるのではなかろうか。

現在、大手金融機関は地価の高い一等地に支店を設置していることが多い。これらの多くが消えれば、街の形が大きく変化するであろう。そうした意味でも、フィンテックは金融のみならず、広く世の中を変えていくことになる。

そうはいっても、現金がゼロになるわけではない。結果として、ごく限られたATMサービス事業者のみが生き残ることになろう。自前のATMを持たず、提携金融機関のATMで代替しているケースも多い。たとえば、新生銀行の本店に行くと、ATMはすべてセブン銀行のものだ。

ATMサービス事業が中心のセブン銀行の提携金融機関は595社に及び、ATM設置台数は2万台を超える（2016年3月末）。この数は、メガバンク3行のATMの数よりも多い。セブン銀行はキャッシュレス社会到来に備えて、外国人向けに外国語対応ATMを開発するなど、さらに進化している。

これらが進むと、銀行や証券の支店業務は、ごく一部の富裕層向けプライベートバンキング、あるいは、ある一定の規模以上の法人向け金融サービスに絞り込まれることになろう。たとえば、1億円以下の小口の住宅ローンや資産運用、あるいは定型的なリテールサービスの多くは、AIがこなすようになるだろう。

結果として、大手金融機関の支店は多くが不要になり、もしくは、小型化が可能になる。そして、大胆なコストカットを実行すれば、金融機関の利益は大きく向上することになるだろう。ただし、膨大な余剰人員が生まれることになるため、実際に利益が大きく増える

フィンテックのサービス分類

6分野	11クラスター
決済・送金	キャッシュレス決済(統合ビリング、モバイルペイメント、決済の合理化)、ペイメント・レイル(仮想通貨、P2P外貨取引、モバイルマネー)
資本市場インフラ	より早くて賢い機械(AI、機械学習、マシン・リーダブル・ニュース、ビッグデータ、ソーシャル・センチメント等)、新市場プラットフォーム(データ自動収集・分析、市場情報プラットフォーム)
投資・資産運用	プロセスの外部化(クラウド・コンピューティング、先進的アルゴリズム、オープンソースIT、能力の共有)、エンパワード・インベスター(ロボアドバイザー、ソーシャル・トレーディング、個人用アルゴリズム取引)
保険	保険バリューチェーンの分離(シェアリング・エコノミー、自動運転、チャネルの分散、第三者資本)、コネクテッド保険(IoT、ウェアラブル・コンピュータ、高性能センサ)
預金・融資	オルタナティブレンディング(P2Pレンディング、ソーシャルレンディング)、顧客選考の変化(バーチャル技術、モバイル3.0、第三者API)
資金調達	クラウドファンディング(仮想通貨・小口資金、オルタナティブ・デュー・デリジェンス)

出所：World Economic Forum, "The future of financial services how disruptive innovations are reshaping the way financial services are structured, provisioned and consumed", June 2015

かは不明である。

フィンテックで変わる金融サービス

フィンテックで大きく変わると予想されるのが、以下の6分野の金融サービスである。これらのなかで、決済はもっとも早く大きな変化をもたらすことだろう。そして、日本において長期的に大きく変化を起こすのが、資産運用になるであろう。資産運用については、たいへん重要性が高いので、別途、第5章で詳述する。

1　決済・送金

仮想通貨は、特に、国際決済・送金システムを大きく変えることだろう。仮想通貨を使うと、低コストで迅速に国際決済が可能になる。すでに、仮想通貨の85パーセントを占めるビットコインは実用化されており、フィンテックのなかでも、もっとも注目度が高い。また、電子マネーやICチップ付きのクレジットカードの普及は現金決済を大きく減らすであろう。スイカやパスモなどのカードも、今以上にスマートフォン内蔵が当たり前になろう。

2　投資・資産運用

日本の個人金融資産は巨額だが、株式や投信などリスク資産に対する投資の比率は小さい。このため、フィンテックによって、欧米と比較しても、大きな変化が生まれることが期待される。AIを使うロボアドバイザー（ロボットとアドバイザーを合わせた造語）にコストの低いETFを扱わせることで、売買と保有のコストが減るため、その分、投資家にとって金融商品の投資収益率が高まる。

3　保険

損害保険や生命保険は、加入者の個々の事情によって、細かく条件を変えることが可能となる。たとえば、アップルウォッチなどウェアラブルデバイス（身につけることが可能な端末機器）が発達・普及すると、保険加入者の体調や生活習慣などのデータがリアルタイムで入手できるようになるだろう。保険会社がそのデータを分析して、加入者の生活習慣を改善することができるようになる。生活習慣が良好な人の保険料を下げるということもできる。

その結果、加入者の長寿化が期待できる。保険会社としては、生命保険の場合、保険で想定している寿命よりも加入者が長生きすれば、保険金が減るので、利益が増える（これを死差益と呼ぶ）。こうして、加入者も保険会社も長生きの恩恵を受けることができる。

自動車保険についても、ＩｏＴにより、保険会社は、それぞれの運転者の運転技量や丁寧さなどがリアルタイムで把握できる。運転者が改善すべきこと（たとえば、頻繁な急ブレーキ）を保険会社が指導すれば、事故が減って保険金の減少が期待できる。それは、保険料低下という形で、加入者に恩恵が生まれる。これは、テレマティクス保険と呼ばれ、すでに実用化されている。

4　資金調達

クラウドファンディングは、金融機関を通さずに、資金の出し手と借り手が、ソーシャル・ネットワーク・サービス（SNS）などを通じて、資金を直接融通し合う。たとえば、フェイスブックなどを通じて、友人や同窓生に資金の提供を呼び掛け、その資金を元手に起業するという手法が考えられる。

5　預金・融資

住宅ローンや消費者金融などは、比較的小口で、顧客が分散しているため、焦付きや貸倒れなどは、ある程度、予想がつく。そこで、利用者の詳細なデータを入力すれば、AIが適切な与信額を計算してくれる。このように小口リテール金融は、フィンテックになじみやすい。

小口融資では、P2Pレンディング（ソーシャル・レンディング）と呼ばれるサービスが生まれている。資金の調達者と融資者を、インターネットなどのプラットフォームを通じて結びつける資金仲介サービスである。SNSの情報、オンラインショッピングの購買履歴、会計情報などのビッグデータをもとに、ＡＩが与信判断を行う。

ただし、企業向けなどの大口貸出は、現時点ではＡＩになじまない。これは、財務諸表の信頼性、反社会的勢力との関係、経営者の評価など、現在のＡＩの水準では、適切な判断ができない要因が多いからである。このように、与信のノウハウなどのハードルが高いため、貸付や与信は他の金融サービスと比べてフィンテックの普及が遅れている。

6　資本市場インフラ

証券取引所なども、フィンテックによって高度化しよう。この技術によって、システムコストを下げ、かつシステムがダウンするリスクを減らすことができる。

かつて、証券取引所は、株式の売り買いの注文をマッチングして株価をつける場立ちがいた。しかし、現在では、すべてコンピュータ化され、超高速取引が実現している。ただし、取引システムの能力向上に伴って、システムコストがかさんでいる。さらに、大規模なシステム事故が発生することがある。２００５年には、大規模システム障害が発生し、当時の東京証券取引所の社長が引責辞任した。

そこで、後述のブロックチェーンなどを用いることによって、システムの安定性を高め、同時に、コストを低減することができる。また、ブロックチェーンを活用することによって、すでに電子化されている株式や債券を低コストで管理できる。

2　ビットコインとブロックチェーン

仮想通貨が変える国際決済・送金

フィンテックに関して、現時点で、すでに実用化されつつあり、比較的、早い時期に普及して金融サービスを大きく変えると思われるのが、仮想通貨である。また、他のフィンテックのサービスと異なり、AI技術の影響はそれほど大きくない。

そこで、次に、ビットコインに代表される仮想通貨、そしてそれを支える技術であるブロックチェーンの詳細を分析し、決済・送金にかかわる金融サービスの進化を展望する。

現在、小口の国際送金はコストが高い。大手金融機関で10万円をドル送金すると、為替レートで1円上乗せされ（約1000円上乗せ）、送金手数料5000円、両替手数料1000円を余分に支払う必要がある。この場合、10万円相当のドルを送ると、7000円前後の手数料を支払うことになる。つまり、手数料率は7パーセントにもなる。1000万円をドル送金すると、料率は低下するが、10万円強の手数料を支払うことになる。

それでも、まだ、ドルは、スプレッド（為替相場の売り買いの相場と中値の差）が、片道1円なので、代金に対して1パーセント前後にとどまる。しかし、それが、豪ドルだと、スプレッドが2・5円になり、3パーセントになる。片道3パーセントだと、往復で6パーセントにもなる。

新興国通貨であれば、もっとスプレッドが高い。たとえば、日本からトルコに進出している企業は多い。大手金融機関で円を売って、トルコリラを買うと、スプレッドは8パーセント前後にもなる。往復だと15パーセントを超える。

このように、アジアを中心とする新興国に積極的に進出して、急速にグローバル化する日本にとって、国際決済・送金のコストを下げることはたいへん重要だ。だからこそ、仮想通貨の活用が必要となる。

ブロックチェーンとは何か

ブロックチェーンは、分散型元帳とも呼ばれる。これは、一定の情報を一つのブロックとしてまとめ、それが最新のブロックとして、過去にできたブロックにつなげられる。ブロックの連鎖なので、ブロックチェーンと呼ばれる。ビットコインであれば、一定時間の取引記録がまとめられてブロックとなる。

ブロックチェーンの特徴は、以下の通りである。

1 ブロックの改竄が著しく困難である

多くの参加者がビットコイン全体の記録を持つため、改竄が著しく困難である。しかも、ブロック作成には他の参加者の承認作業が必要となる（詳細は後述）。このため、ブロックチェーンを使った仮想通貨などを改竄することは事実上できない。ただし、詳細は省略するが、改竄はまったく不可能というわけではない（51パーセントアタック、ビットコインの破壊）。

2　システムが安定している

一般のシステムでは、ホストコンピュータなど中央処理システムがデータを保有、管理している。このため、ホストコンピュータなどがダウンすると、システム全体がダウンする。一方、ブロックチェーンは、分散処理システムである。すべてのコンピュータ端末（ノード）に全データがあるため、すべてのノードがダウンしない限り、システム全体がダウンすることはない。

3　維持費が低い

ブロックチェーンは、大型コンピュータで誰かが日夜管理するシステムではないので、メンテナンスコストが著しく低い。しかも、ノードは参加者が保有するため、ビットコインなどの利用者はノードのコストを負担しなくてもいい。

ビットコインとは何か

現在、ブロックチェーンは、ビットコインのみに使われているといっても過言ではない。仮想通貨の種類は700以上あるものの、ビットコインが時価総額全体の85パーセントを占める（出所：Coin Market Cap）。ビットコイン以外の通貨は、オルトコインと呼ばれる。

仮想通貨は、デジタル通貨とも呼ばれ、通貨を発行する政府当局を介さずに、取引される通貨である（P2Pでの電子的交換）。分散型元帳という技術を用いて、個人間で、特定の第三者機関を介在させずに支払い決済を行うといった特徴を持つ（BIS, "Digital currencies", November 2015, p. 3）。

2008年に、サトシ・ナカモトと称する人物が公表した論文をもとに開発され、2009年に、仮想通貨であるビットコインの運用が開始された。仮想通貨の時価総額は1兆8000億円と小さい（2016年末、出所：Blockchain info）。

仮想通貨は、様々なモノやサービスとの交換が可能であり、決済・送金、ATMの利用も可能となっている（ビットバンク株式会社、「ブロックチェーンの衝撃」編集委員会著『ブロックチェーンの衝撃』〔日経BP社、2016年6月〕37ページ参照）。仮想通貨と法定通貨の交換は、取引所（交換所）を通じて行われ、保管、送・受信は、ウォレットと呼ばれるアプリが利用されている。ビットコインを扱う小売業者は10万以上あるといわれ、たとえば、海外では、マイクロソフト、デルなどのオンラインサイトで、ビットコインによる決済が可能である。

ブロックチェーンやビットコイン自体は、改竄することが著しく難しいため、不正が起こりにくい。しかし、これらを取り巻くインフラや監視体制が未成熟なので、不正に巻き込まれることがある。

２０１４年に、世界最大規模の仮想通貨の交換業者であったマウントゴックスが、ハッキング被害を受け、取引を中止し、取引所を閉鎖した。翌年に、同社代表者は、預かり資産の着服（業務上横領）の容疑でも逮捕された。マウントゴックスの破綻により、顧客の預かり資産は消失し、その損失は、推定数百億円ともいわれる。

ビットコインの欠点と課題

現状では、ビットコインは、通常の通貨のように使うことは難しい。その理由は、以下の通りである。

1　即時決済ができない

現在の技術では、ビットコインで買い物の決済をするのに、10分単位で時間がかかる。つまり、ビットコインで支払うと決めてから、実際の支払額が確定するまでに10分以上かかる。なお、デビットカードのように、前払金を用意すれば、即時決済をすることは可能

ビットコイン価格とTOPIXの推移

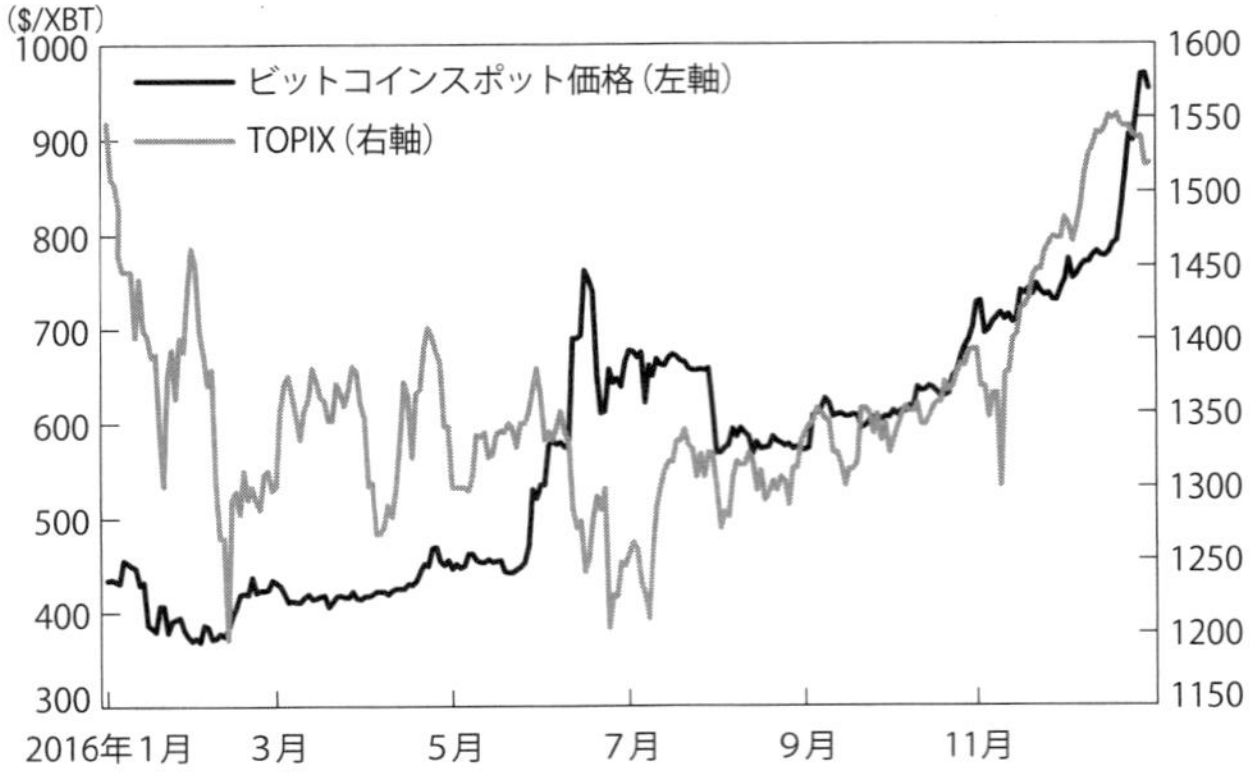

出所：ブルームバーグ

であるが、それでも通常の通貨のように使えないことには変わりない。

2　相場が激しく変動する

ビットコイン相場の値動きが荒いため、決済時間が長いことは、使用者のリスクを大きくする。たとえば、2016年の米国大統領選挙でトランプが勝利した後、ビットコインの相場は株式市場並みに乱高下した。今後、コンピュータ技術の飛躍的な向上が予想されるが、普及が進むにつれ、ビットコインを形成するブロックが長くなるので、決済を確定するまでの時間は容易に短くならない。その決済が確定するまでの間に、相場が極端に動く。

3　サイバーテロや不正アクセスに対して脆弱である

ビットコインの取引所は、日本取引所グループなど大手企業ではなく、規模が比較的小さい企業が運営している。そのため、サイバーテロや不正アクセスに対して脆弱となるおそれがある。また、取引所に対する政府の監視が十分とはいえないので、不正行為が起こる可能性も考えられる。ただし、これらは、ブロックチェーンやビットコインに問題があるのではなく、取引所の運営に問題があるということだ。当局による適切な監視があれば、マウントゴックスのような事件は防げる可能性があるだろう。

4　ビットコインの利用者が中国に偏っていることへのリスク

中国から外国に合法的に送金する手段の一つとして、ビットコインが使われている。ビットコインの売買とマイナー（ブロックチェーンの検証を行って報酬を得る）の多くは、中国に集中している。中国のマイナーが結託して、不正行為を試みることはありえないことではない。

不正に利益を得るために、一般の企業や人物が、ビットコインを改竄することは、事実上、不可能といえる。ところが、強力な技術力と膨大な資金力を持った国家が、ビットコインのシステムを破壊する目的で、ビットコインを改竄することは可能である。ロシアが、米国の大統領選挙に介入して、トランプを勝たせようとハッキングをしたともいわれる。ビットコインがこのまま成長すれば、金融大国であるアメリカの金融システムをマヒさせることは不可能ではない。

現在のビットコインは、通貨というよりも投資手段の一つという色彩が強い。デジタルなので物理的実体はないものの、金貨のようなものである。つまり、投資対象ではあるが、決済に使えなくはない。

単独型とコンソーシアム型のブロックチェーンの台頭

ビットコインには多くの優れた点はあるものの、金融事業において本格的に使うには、技術的な問題が多い（妹尾賢俊、斉藤賢爾「経済産業省・Fintech 研究会資料」〔経済産業省第5回産業・金融・IT融合に関する研究会〈FinTech 研究会〉配布資料4、2015年11月30日〕10〜11ページ参照）。これを解消するために、ブロックチェーン技術の開発が行われている。

ブロックチェーンには、以下の分類がある。一般には、非許可型ブロックチェーンをパブリックブロックチェーン、許可型ブロックチェーンをプライベートブロックチェーンと呼ぶことが多いが、正式な定義はない。ここでは、以下の３形態に分類した。

非許可型ブロックチェーン

ビットコインは、非許可型ブロックチェーンのもっとも代表的なものである。取引（ブロック）を承認するのが不特定多数であって、誰もが承認プロセスに参加できる。誰かが中心になってコントロールしているわけではなく、取引開始にあたって管理者の許可が必要ない。このため広く普及しているというメリットがある。

ただし、取引承認において、採掘（マイニング）の報酬を支払う必要があるため余分なコストが発生する。あるいは、特定の管理者が存在しないため、悪意のある第三者が不正を働く可能性が高まる。しかも、多数が参加するため、ブロックの数が多く、処理速度が遅いという問題点がある。

許可型ブロックチェーン（単独型）

特定の企業や団体が、管理者として取引（ブロック）を承認する。ブロックチェーンにかかわるルールを、特定の企業や団体が決めることができる。ブロックの数が少ないため、処理の速度が秒単位で可能となる。

ただし、参加するには事前の許可が必要なので、誰でも使えるわけではない。このため、広がりに欠けるという短所がある。

許可型ブロックチェーン（コンソーシアム型）

許可型ブロックチェーンの管理者が複数の主体の場合、コンソーシアム型という。その代表例が米国のフィンテック企業R３CEVが主導するコンソーシアムのR３である。R３は、金融機関向けに、プライベート（コンソーシアム型）ブロックチェーンを開発している。２０１５年に開始され、50以上の世界的金融機関が参加している。信頼できる世界的な金融機関が集まって、ブロックチェーン技術の本格的な実用化を目指すものである。

単独型と異なり、ブロックチェーン設計において、コンソーシアムに参加している主体の同意が必要となる。このため、単独型よりも広範囲に仮想通貨を流通できるが、設計や運営などの自由度や裁量という点で落ちる。

進化するブロックチェーン技術

ビットコイン２・０として、ブロックチェーン技術をビットコイン以外に活用する方法が模索されている。金融サービスでは、決済・送金、証券取引、ソーシャルバンキングといった分野があげられる。ブロックチェーン技術を応用すると、日本で、約70兆円の市場に影響があるとの試算がある（経済産業省商務情報政策局情報経済課「平成27年度 我が国経済社会の情報化・サービス化に係る基盤整備〈ブロックチェーン技術を利用したサービスに関する国内外動向調査〉報告書概要資料」〔２０１６年４月28日〕９ページ参照。野村総合研究所「平成27年度 我が国経済社会の情報化・サービス化に係る基盤整備〈ブロックチェーン技術を利用したサービスに関する国内外動向調査〉報告書」〔経済産業省委託調査、２０１６年３月〕46〜63ページ参照）。

その一つが、スマートコントラクト（契約の自動執行）である。概念自体は、１９９０年代から提唱されていたものであるが、ブロックチェーンにより、第三者の介入なしに、契約条件、履行内容、将来発生するプロセスなどを自動的に実行することができる。活用例としては、証券取引の決済、保険料の支払い、会社の清算、遺言の執行、印税の支払い、選挙記録など多岐にわたる。

今後、シェアリング・エコノミーが進展していくなかで、ブロックチェーンの活用余地は高い。シェアリング・エコノミーは、空いている資産を有効活用するものであり、プラットフォームを通じて、利用者と提供者をマッチングし、権利、サービス、モノがやり取りされ、最終的に対価が支払われる（決済）。

将来的には、自動運転車を1時間ほどレンタルする際、起動した時点で、契約がスタートし、1時間で車にロックがかかるように設定すると同時に、1時間分の自動車保険を組み込むことも可能であろう。このように、ブロックチェーンを活用したスマートコントラクトにより、どの産業においても、巨大で潜在的な破壊力を持ちうる（McKinsey & Company, "How blockchains could change the world", May 2016）。

現在、ブロックチェーン技術を利用したカーシェアリング、ライドシェア（車の乗合い）のスタートアップ企業やサービスが出てきている。La'Zooz（ラズーズ）は、分散型輸送コミュニティーであり、ライドシェアサービスを提供する。ただし、ウーバーのような中央集権的な会社組織が運営しているわけではない（便宜上、イスラエルに会社登記）。

ラズーズのサービスは、P2P型で、配車サービスの提供者と利用者が電子通貨 Zooz

を使ってやり取りする。提供者と利用者間の契約・決済の自動化、すなわち、スマートコントラクトにブロックチェーン技術が使われている。

ブロックチェーン技術を使ったP2P方式の取引を行う場として、分散型取引所があげられる。集権的取引所と異なり、マウントゴックス事件のような詐欺を防止できるというメリットがある。デンマークのCCEDKは、世界初の分散型取引所（オープンレジャー）を開発し、仮想通貨の取引が行われている。

証券取引の分野では、米国ナスダックが、未公開株式取引システム（Nasdaq Linq）にブロックチェーンを導入することを発表した（Nasdaq, "Nasdaq Linq Enables First-Ever Private Securities Issuance Documented with Blockchain Technology", December 30, 2015）。オーストラリア証券取引所も、ブロックチェーンを利用した決済システム導入に向け、テストを行っている。ただし、この分野で、ブロックチェーンが広く利用されるには、さらに時間がかかるとみられる（Ronit Ghose, "Digital Disruption: How FinTech is Forcing Banking to a Tipping Point", Citi Research, March 29, 2016, pp. 91-92）。

金融以外の産業分野で、当たり前のように利用されるとなると、より一層の時間が必要であろう。

ビットコインと企業通貨などが共存する

仮想通貨のなかで、もっとも将来性が高いのが、許可型ブロックチェーン（単独型）であると考えられる。今後、許可型ブロックチェーン（単独型）を軸に、仮想通貨が発達する可能性が高い。前述のように、ビットコインは、①決済が瞬時にはできない、②価格の変動が大きい、③サイバーテロ・不正アクセスに対して脆弱、④改竄されるリスクがゼロではない、また取引者やマイナーが中国に集中している、といった問題点がある。

これを解決するのが、許可型ブロックチェーン（単独型）である。これには、①仮想通貨の価格変動をなくすことができる（例：1コイン＝1円）、②決済時間を短縮できる、③改竄に対するリスク管理ができる、④取引者を管理しやすい、⑤マイナーをなくしてコストを下げることができる、といった特徴がある。

もちろん、許可型であったとしても、悪意を持った参加者が存在する可能性を否定はできない。しかし、管理手法次第では、その可能性はビットコインと比べるとはるかに小さくすることはできる。

許可型ブロックチェーン（コンソーシアム型）は参加者が多いため、特定の企業のニーズに合わせた設計が困難になる。船頭が多いと、機動的に動くことが難しいし、また、参加者が増えると不正などのリスクが高まる。

大手銀行が「ＭＵＦＧコイン」や「みずほコイン」を開発中であるという。これは、許可型ブロックチェーン（単独型）であるとみられる。参加者を自行の顧客に絞れば、管理がしやすく、低コストで迅速な送金を実施できる。そして、銀行の取引先の多くが使えるようになれば、国際送金などのコストを大きく減らすことができる。

また、特定の地域しか使用できない地域通貨なども、これに該当する。たとえば、地方銀行（地銀）が営業地域でしか使えないコインをつくり出すことは可能だ。

現在の技術では、完全無欠の仮想通貨は存在しない。そのため、当面、非許可型ブロックチェーンを用いるビットコインと、許可型ブロックチェーンを用いる企業通貨や地域通貨などが共存することとなろう。結論として、仮想通貨のなかでは、現在はビットコインが優勢だが、将来は、許可型ブロックチェーンを用いる企業通貨や地域通貨が優勢になることが考えられる。

第3章　世界をリードするフィンテック企業

1　大手金融機関から巨大IT企業へ

巨大IT企業が金融業へ

フィンテックは、事業会社と金融業の垣根を低くすることだろう。そして、世界的に巨大なプラットフォームを持つIT企業が金融業に本格的に参入するであろう。

フィンテックの参入者は、以下に大別できる。

1　世界的な大手金融機関
2　フィンテックベンチャー企業
3　フィンテック専業企業
4　大手IT企業

世界的な大手金融機関がフィンテックに投資して、自ら変身しようとしている。また、ベンチャー企業に投資をして、それらの技術を取り込む動きがある。ただし、大手金融機関には業務規制があるので、フィンテックベンチャー企業投資により得た技術を使って、金融関連事業以外の新ビジネスに参入するのは困難である。

リーマン・ショック後、金融規制が一段と強化された。アップルや楽天は金融サービス業に進出しているが、大手金融機関がＩＴサービス業に進出することはできない。つまり、アップルや楽天は、金融サービスのみではなく、ＥコマースやゲームやＳＮＳなどを総合的に提供できるが、大手金融機関の業務は金融サービスに限られる。このため、世界的な大手金融機関がフィンテック時代の勝者になることは容易でない。

フィンテックベンチャー企業への期待も大きい。しかし、ＩＴ業界は急速に寡占化が進み、小型企業が勝ち抜くのは著しく困難である。後述のように、巨大ＩＴ企業による寡占化が進んでいる。仮に、ニッチ分野で成功を収めても、その市場が大きくなれば、巨大企業が参入するだろう。

フィンテック専業企業のなかでは、ビザ、マスターカード、ペイパル・ホールディングス（以下、ペイパル）など決済サービス企業が急成長している。現時点で、世界最大のフィンテック企業はビザである。誤解されがちであるが、ビザ、マスターカードはクレジットカードを発行しておらず、クレジットカード会社ではない。詳細は後述するが、これらは、金融機関を主たる顧客とする電子決済サービス用ITシステム開発企業である。

世界のフィンテック市場を制覇するのは、アルファベット、アップル、フェイスブック、アマゾン、マイクロソフトといった米国の大手IT企業と、ビザ、マスターカード、ペイパルなど決済に強い米国のフィンテック専業企業になるだろう。また、アリババを中心とする中国企業も、フィンテックの分野での規模が大きい。

以下、これらの仮説を検証することとする。

世界の大手金融機関のメリット・デメリット

コンサルティング会社大手のマッキンゼーは、金融業にとって、フィンテックは破壊的な影響力をもたらす可能性があると指摘する（McKinsey & Company, "The Fight for the Customer McKinsey Global Banking Annual Review 2015", September 2015, 野口悠紀雄「〔野口悠紀雄 新しい経済秩序を求めて〕銀行の利益が6割減、フィンテックがもたらす破壊的影響」〔Diamond Online, 2015年11月5日〕)。その予測では、フィンテックにより、2025年までに、銀行の利益の20から60パーセント、売上高の10から40パーセントが失われるという。特に、消費者金融、住宅金融、中小企業の貸出、リテール決済、資産運用の5分野において、リスクがある。

フィンテック時代に、世界の大手金融機関は積極的に巨額のIT投資をしている。さらに、自社開発のみならず、フィンテックベンチャー投資も活発である。

一方で、日本の金融機関のIT投資は金額が小さく、かつ、メンテナンスのために投資する傾向がある。世界全体の金融機関によるIT投資額は20兆円超だが、日本はそのうち2兆円前後にとどまる。

米国では、大手金融機関が、モバイルバンキング・決済事業に参入する動きがみられ、SNSの活用、ビッグデータ、API、ブロックチェーン技術の開発などが行われている。たとえば、シティグループは、シティコインと呼ばれる独自のデジタル通貨のプラットフォームを開発中である。

さらに、オープンAPIを利用して、フィンテック企業と連携する動きもみられる。APIは、あるソフトウェアから別のソフトウェアの機能を呼び出して利用するシステムである。APIを外部に公開することをオープンAPIと呼び、自社事業やサービスの拡大が可能となる。バンク・オブ・アメリカやシティグループは、口座管理、P2P決済など自社の金融サービスの一部を公開し、フィンテック企業による新たなサービス開発を促進している。

巨大なリテールネットワークを持っている大手金融機関の従業員は一般に高給であり、従業員数も多く、その上、支店数も多い。今まで、強みであった全国に張り巡らされた支店網が、フィンテック時代には大きな負担になる可能性がある。

大手金融機関は、フィンテックによって、コストを下げ、かつ金融サービスを高度化することは可能である。要は、既存の金融機関にとって、コスト削減と金融サービス高度化のメリットと、新規参入者との競争激化というデメリットが同時に発生するということである。

金融規制の障壁が高い

フィンテック時代には、金融機関は守る側であって、事業会社は攻める側になる。たとえば、楽天は、証券、保険、銀行、カードなど、様々な金融サービス業と同時に、オンラインショッピングやプロ野球球団の運営まで手掛けている。小売、サービスと金融はシナジー効果が大きいので、金融業のみを手掛ける金融機関と比較して、競争上、優位にある。

しかし、銀行がオンラインショッピングに進出することはできない。

つまり、事業会社は金融に参入できるが、金融機関は非金融事業を行うことに制約がある。金融機関は、規制によって、金融以外に事業の広がりを持てないため、ＩＴなどの事業会社と比較してハンディが大きい。

とりわけ、米国の銀行は規制が厳しい。１９５６年の銀行持株会社法と99年のグラム・リーチ・ブライリー法により、金融持株会社（ＦＨＣ）は、本源的金融業務とそれに付随する業務、金融業務を補完する業務が認められている。一定要件下で、ＦＲＢが認可した場合、補完業務として、非金融業務を行うか、非金融業務を行う企業への資本参加が可能となる。

銀行持株会社については、銀行業務とそれに密接に関連する業務に限られる。一般事業会社への投資は議決権の５パーセント以下である。ＦＨＣの場合、子会社（証券、保険など）を通じて、マーチャント・バンク業務として一般事業会社に投資できる（日常的な経営関与は不可）。

現状、補完業務として認可されているのは、現物コモディティ取引、医療関係に限定されている。実際、大手金融機関のフィンテック（ＩＴ）投資は、本源的金融業務とそれに付随する業務、マーチャント・バンク業務の範疇で行われている。

このように、金融機関は、規制の変更がない限り、金融サービス業にとどまらざるをえない。以上を総合すると、フィンテック時代に、大手金融機関が世界的なＩＴ企業と戦うためには、自らが金融サービス業を情報システム企業に変身させる必要がある。

そのイメージとしては、証券取引所がある。30年前の東京証券取引所（東証）には、立会場があり、場立ちが株価を決めていた。しかし、現在の日本取引所グループでは場立ちはおらず、超高速取引に対応できる情報システムを構築した。つまり、東証は、労働集約型金融サービス企業から、金融サービスに特化した情報システム企業に変身したのである。

しかし、それには、大手金融機関が、膨大に膨れ上がった支店網、人員、情報システムを大きく削減する必要がある。大きな痛みを伴うリストラが必要であるだけに、経営のリーダーシップが問われる。

高まる電子決済のニーズ

フィンテックと決済は相性がいい。フィンテックでもっとも成長性の高いのは、電子決済を主たる領域とする企業である。世界的にオンラインショッピングなどのＥコマース事業が急成長しているなかで、電子決済サービスも急成長している。

最大の理由は、モバイルインターネットを使うEコマースが急成長しているからである。特に、中国市場の成長が大きい。世界のEコマース（B２C）市場は、２０１５年から19年にかけて倍増し、４００兆円を超える規模になると推測される（経済産業省商務情報政策局情報経済課「平成27年度 我が国経済社会の情報化・サービス化に係る基盤整備〔電子商取引に関する市場調査〕報告書」〔２０１６年６月〕69ページ参照）。つれて、世界の決済市場は、２０１９年に２５０兆円を超える規模に成長する見通しである（McKinsey, "Global Payments 2015: A Healthy Industry Confronts Disruption", October 2015）。大手ＩＴアドバイザリー企業のガートナーは、世界のモバイル決済市場は、２０１３年の約25兆円の規模から２０１７年には約80兆円に拡大し、利用者はほぼ倍増すると予測する（Gartner, "Forecast: Mobile Payment, Worldwide, 2013 Update", May 15, 2013）。

世界の各国別B2C Eコマース市場規模成長率　（2015年）

	国	市場規模（10億ドル）	前年比
1	中国	672.0	42.1%
2	米国	340.6	14.2%
3	英国	99.4	14.5%
4	日本	89.6	14.0%
5	ドイツ	61.8	12.0%
6	フランス	42.6	11.1%
7	韓国	38.9	11.0%
8	カナダ	26.8	16.8%
9	ブラジル	19.5	15.5%
10	オーストラリア	19.0	9.3%

注：旅行、チケットを除く。
出所：eMarketer 2015、経済産業省商務情報政策局情報経済課「平成27年度 我が国経済社会の情報化・サービス化に係る基盤整備（電子商取引に関する市場調査）報告書」（2016年６月）70ページ

また、政府や企業の決済の電子化が進んでいることも追い風である。決済金額

が急増しているので、薄利であっても、事業としての成長性は高い。

今後は、スマートフォンでの決済が増加し、仮想通貨が普及するため、ますますキャッシュレス化が進むだろう。特に、従来型の国際決済のコストが高いため、経済や社会がグローバル化するなかで、長期的に、電子決済のニーズは大いに高まる。

決済以外のフィンテック専業企業は苦戦中

比較的新しいフィンテック専業企業のなかでは、国際決済プラットフォームを提供するペイパルが最大である。１９９８年に設立されたペイパルは、２００２年にイーベイのグループ傘下に入ったが、２０１５年に分社化され、再上場した。フィンテック専業らしい企業としては、もっとも成功しているといえよう。

そのほかに、フィデリティ・ナショナルインフォメーション・サービス、フィサーブ、ファースト・データなどの決済事業者が台頭しつつある。ただし、今後、アップルなど大手ＩＴ企業が本格的に決済事業に進出するため、この分野は競争激化が予想される。一定の規模がないと、成長を持続するのは厳しいのではないか。

その一方で、決済以外のフィンテック企業は業績が必ずしも芳《かんば》しくない。さらに、規模が小さい。

決済以外には、会計ソフトウェアで世界最大手のインテュイットの成長が著しい。北米の会計と納税に対応できるソフトウェアの開発に強い。ただし、これは、狭義の金融業ではなく、フィンテックというよりも会計ソフト開発事業者という色彩が強い。

ＣＭＥグループ、インターコンチネンタル・エクスチェンジも、高度な情報システムを持つ証券取引業者という位置づけである。これも狭義のフィンテックとは分類できない。

資金調達では、Ｐ２Ｐレンディングのレンディングクラブがあるものの、不祥事もあって、低迷が続く。そのほか、ロボアドバイザーなどのフィンテック企業は成長力が高くない。このように、決済以外の事業領域では、フィンテックが広がりをみせていない。

資金調達、借入、資産運用、保険などにおいて、将来性の高いフィンテック専業企業はあまりない。大手運用会社ブラックロックなどがロボアドバイザー企業を買収するなど、単独で成長を続ける会社は見当たらない。

これらの分野は、電子決済ほど成長性が高くない。さらに、決済とは異なり、サービスの質が、ＡＩに依存するところが大きい。今後、ＡＩの発達を待つほかないが、２０２０年までを見据えると、有力企業が誕生する可能性は高くない。

2　世界のフィンテックをリードする米国

世界最大のフィンテック企業はビザ、マスターカード

現時点で、世界最大のフィンテック企業はビザであり、次いでマスターカードである。両社は電子決済技術における世界的なリーダーである。ビザは、世界最大のクレジットカードのブランドである。1958年に、バンク・オブ・アメリカがクレジットカードを発行したのがルーツである。2007年に現在の組織になり、翌年、株式公開をした。1966年に複数の銀行によって設立されたマスターカード（2006年に上場）は世界2位である。

ビザ、マスターカードから権利を得た業者（銀行など）が、これらのブランドを持つクレジットカードを発行できる。よって、銀行などのカード発行者が信用リスクを取るのであって、ビザ、マスターカードが信用リスクを取ることはない。両社にとっては、カード

世界のフィンテック専業企業時価総額上位10社

	フィンテック	国	セクター	時価総額（百万ドル）	純利益（百万ドル）
1	ビザ	米国	IT	181,545	6,328
2	マスターカード	米国	IT	112,503	3,808
3	アメリカン・エキスプレス	米国	金融	67,802	5,163
4	ペイパル・ホールディングス	米国	IT	47,626	1,228
5	CMEグループ	米国	金融	39,144	1,247
6	インターコンチネンタル・エクスチェンジ	米国	金融	33,608	1,274
7	トムソン・ロイター	米国	一般消費財・サービス	31,924	1,255
8	S&Pグローバル	米国	金融	27,864	1,156
9	フィデリティ・ナショナル インフォメーション・サービス	米国	IT	24,827	632
10	フィサーブ	米国	IT	23,069	712

注：時価総額は2016年末時点。純利益は、2015年度。フィンテックはKBW Nasdaq Financial Technology index対象企業。ITには、一般消費財・サービスのアマゾン含む。

出所：ブルームバーグ

を発行する金融機関やカード利用会社の金融機関からの手数料が収益源である。

両社には、世界最大級のカードであるだけに、高度なＩＴシステムが必要とされる。世界中で数多くの決済がされるため、超高速情報処理ネットワークが必要となる。また、ハッキングに対する堅牢性など、高度なシステム構築能力が求められると同時に、一般消費者が使いやすい利便性という相反する技術が求められる。また、クレジットカードに加えて、後払い型の電子マネーなどにも進出している。

一方で、アメリカン・エキスプレス、ダイナースカードを発行するディスカバ

米国クレジットカード関連企業の時価総額推移

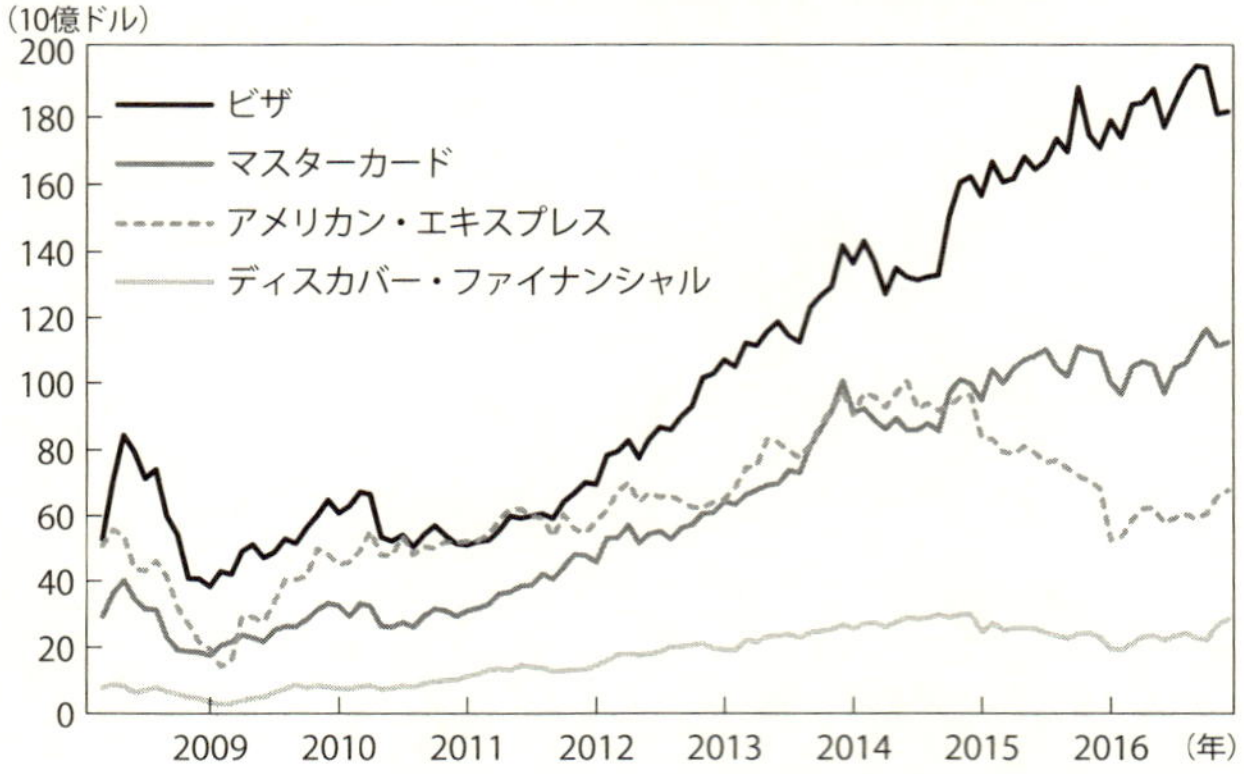

出所：ブルームバーグ

ー・ファイナンシャル・サービシズ、あるいはJCBは、クレジットカードを発行するクレジットカード会社である。つまり、これらは金融業者である。

アメリカン・エキスプレスなどのクレジットカード会社は、加入者に対する貸付金があるため貸倒引当金が発生する。しかも、加入者に対するマーケティング費用が大きい。入会金が高額であるため、加入者数は伸び悩んでいる。

つまり、アメリカン・エキスプレスやダイナースは、自ら与信リスクを負う金融サービス業者だが、ビザ、マスターカードは金融サービスを提供していないので、IT事業者である。クレジットカード会社であるアメリカン・エキスプレスやディスカバー・ファイナンシャルと比較して、これらの成長力はたいへん高い。

ビザの純利益は、２００６年度の５４０億円から２０１６年度には７２００億円、マスターカードの純利益は、２００６年度の60億円から２０１６年度には４５００億円へと急成長している。つまり、過去10年間に利益が10倍以上に増えている。つれて、クレジットカード会社の株価と対照的に、特に、ビザの株価は大きく上がっている。

巨大なプラットフォームを持つ米国IT企業の強み

大手金融機関やフィンテック専業企業と比較して、巨大なプラットフォームを持つ大手IT企業が有利である。今後、大手IT企業が、フィンテックに本格的に進出し、この領域の拡大と技術の進歩を主導することだろう。

大手IT企業は、以下のような世界的に強力なプラットフォームを持つことが強みである。

アルファベット　アンドロイド（スマートフォンのOS）、ネット検索サービス、オン

アップル　　　　　　　ライン広告
　　　　　　　　　　　iOS（スマートフォンのオペレーティングシステム〔OS〕）
フェイスブック　　　　世界最大のSNSサイト
アマゾン　　　　　　　世界最大級の電子取引サイト、世界最大のクラウドコンピューティング事業
マイクロソフト　　　　ウィンドウズ（パソコンのOS）、世界2位のクラウドコンピューティング事業

前述のように、フィンテックによってもっとも大きく変化するのが、リテール金融サービスである。フィンテック時代には、スマートフォンで、資金決済や資産運用、保険の加入が容易にできるようになる。よって、リテール事業に強いIT企業に優位性がある。

過去10年間、IT産業は大きく変化した。IT業界では、弱肉強食が進み、寡占が生じつつある。世界のIT企業時価総額上位10社合計の、IT業界全体に対する構成比は、2006年末の38パーセントから2016年末には50パーセントにまで上昇した。

製造業の地盤沈下が起こる一方、ソフトウェア・サービス企業が成長した。結果として、

世界のIT企業時価総額上位10社

	2006年末	国	時価総額（百万ドル）	2016年末	国	時価総額（百万ドル）
1	マイクロソフト	米国	293,538	アップル	米国	617,588
2	シスコシステムズ	米国	165,967	アルファベット	米国	538,572
3	IBM	米国	146,342	マイクロソフト	米国	483,160
4	グーグル	米国	143,451	アマゾン	米国	356,313
5	インテル	米国	116,762	フェイスブック	米国	332,402
6	HP	米国	112,818	テンセントHD	中国	231,853
7	サムスン電子	韓国	97,091	アリババ	中国	219,110
8	オラクル	米国	89,050	サムスン電子	韓国	210,063
9	ノキア	米国	83,587	ビザ	米国	181,545
10	キヤノン	日本	74,974	インテル	米国	171,884

注：一般消費財・サービスのアマゾン追加。　　出所：ブルームバーグ

世界のＩＴ企業時価総額上位は大きく入れ替わった。シスコシステムズ、インテル、ＩＢＭ、ノキアなどＢ２Ｂ（事業会社向け）の製造業が競争力を失い、Ｂ２Ｃ（消費者向け）のモバイルインターネットサービスに強いアップル、アルファベット、マイクロソフト、アマゾン、フェイスブックの５社が大きく成長した。モバイルインターネットサービスとは、スマートフォンを軸とするＩＴサービス企業を指す。

ＩＴ企業の例では、知名度が高くても、世界的に強力なプラットフォームを持たない企業は生き残るのが難しい。たとえば、ツイッターやヤフーインクは知名度が高いものの、経営は苦しい。前者は身売り相手を探しており、後者はベライゾン

に主力企業を売却することになった。

プラットフォーム強化のためのM&A戦略

米国の大手ＩＴサービス企業のＭ＆Ａ（企業の合併・買収）戦略はたいへん注目される。アルファベット（２０１６年度）とマイクロソフト（２０１６年度）の純利益は年間２兆円前後、フェイスブック（２０１６年度）は同１兆円と、利益の規模が大きいため、資金が潤沢である。このため、積極的に企業買収を重ねている。

これらは、巨額の時価総額、利益、キャッシュフローを武器に、次々に有力なコンテンツ、アプリケーション、技術を買収している。しかも、不要になれば、躊躇なく売却している。つまり、これらはそれぞれのプラットフォームを補強するために、必要な技術やアプリケーションを買っている。こうした動きを反映し、スタート・アップ企業、ベンチャー企業にとっての目標が、株式公開（ＩＰＯ）から大手ＩＴ企業に買収されることに替わった。各社の主要な買収企業は以下の通りである。

フェイスブック

積極的な買収で、プラットフォーム強化に成功している。大手IT企業5社のなかで、もっとも成長力が高い。フェイスブックの収益のほとんどが広告収入である。ソーシャルメディアの月間アクティブユーザー数で、世界トップのアプリケーションはフェイスブック（SNS）である。月間アクティブユーザー18億人（2016年9月末）の情報をもとにした広告ビジネスを行っている。

フェイスブックは、活発にSNS企業を買収して、プラットフォームの強化を図っている。フェイスブックの持つアプリは、ほかにも、2位のメッセンジャー（メッセージアプリ）、同位ワッツアップ（メッセージアプリ）、8位のインスタグラム（写真や動画をシェアするモバイルアプリ）と、4つが上位10に入る。これらのうち、メッセンジャー（旧ベルーガ）、ワッツアップ、インスタグラム、そしてオキュラス（仮想現実技術開発・プラットフォーム）を買収した。

アルファベット

アルファベットの過去最大の買収は、モトローラ・モビリティ・ホールディングス（以下、モトローラ）である。モトローラは、移動体通信のパイオニアであったため、多くの基本特許を持っていた。この買収が、ＡＩアシスタント機能などが搭載された自社開発のスマートフォンPixel（ピクセル）などの開発につながっている。その後、中国のレノボに売却した。売却後も特許ポートフォリオの大半を保持する一方、レノボに対しライセンスを供与する。

ほかにも、ユーチューブ（動画共有サービス）、ダブルクリック（広告配信会社）、ネスト・ラボ（家電）などを買収した。また、ＡＩ及びロボット関連に力を入れており、ロボットベンチャーなどを買収している。これらは、自動運転などの新技術開発を見据えての買収とみられる。

マイクロソフト

スカイプ（オンラインコミュニケーション）、リンクトイン（ＳＮＳ）などを買収している。ノキアのデバイス・サービス部門買収で、携帯電話事業に参入したが、２０１６年に、ノキアのフィーチャーフォン（携帯電話）事業売却を発表した。

アマゾンは、キバ・ロボットを買収し、自律制御技術を応用したロボットを自社の物流倉庫に導入している。世界中のアマゾンの施設において自律型自動走行ロボットを配置し、配送プロセスのスピードアップを実現している。アップルは、ＡＩ関連企業を積極的に買収している。

アップルvs.グーグル

アップルは、急成長するモバイル決済の分野で業界をリードしている。前述のように、フィンテックの有望分野はリテール金融サービスであり、そのなかで、もっとも成長しつつあるのが電子決済である。

さらに有望なのが、モバイル決済である。モバイル決済の形態として、①スマートフォンやウェアラブルデバイスによる決済、②銀行やクレジットカード会社によるモバイルウォレット、③スターバックスなど小売業者のモバイルウォレット、に分類される（Gartner, "Gartner Says by 2018, 50 Percent of Consumers in Mature Markets Will Use Smartphones or Wearables for Mobile Payments", December 15, 2015）。

アップルは、２０１４年に、アップルペイ（モバイル決済）の提供を開始した。非接触型の近距離無線通信技術（ＮＦＣ）を利用したアップルペイは、世界で圧倒的な市場シェアを持つ。実店舗では、iPhone、もしくは、アップルウォッチ、アプリ内課金では、スマートフォンもしくは、iPadを使って決済可能である。

日本でも、iPhone7はソニーの持つ技術であるFelica（フェリカ）を利用して、非接触型の決済ができるようになった。スイカ、クレジットカード、プリペイドカードをアプリケーションに設定できる。さらに、サファリ（アップルのウェブブラウザ）を利用すれば、ウェブでもアップルペイを利用することが可能となっている。

アップルが開発したオペレーティングシステム（OS）であるiOSは、iPhoneやiPadなど、アップルが開発した製品のみに搭載される。操作がシンプルで分かりやすいという利点がある。アップルは工場を持たないファブレスだが、スマートフォンの設計、販売を手掛ける。そして、OSからアプリまで一貫して設計できるので、フィンテックのような高度な新サービスを開発するのには、優位にある。

これに対抗するのが、グーグルである。アンドロイドは、世界でもっとも利用されているモバイルOSである。IDCによると、世界のスマートフォンの87パーセントがアンドロイドであり、iOSを圧倒する（2016年9月末）。ただし、中国製などの低価格品に強いため、市場シェアほど、アップルと差があるわけではない。

グーグルウォレットは、2011年に開始されたモバイル決済である。NFC（近距離無線通信技術）を利用し、スマートフォンをカードリーダーにかざすことで決済できる。NFCは、クレジットカードなどを取り出さずに済むので便利である。

２０１５年に、新たなモバイル決済サービスとして、アンドロイドペイが開始された。アンドロイドペイは、アンドロイドが搭載された端末を使って、店舗、アプリ内、オンラインでの支払いが可能である。両サービスの棲み分けのため、グーグルウォレットは、P2P送金に特化していくことになった（米国内）。

アップルしか使えないiOSと異なり、アンドロイドはすべての主要メーカーが使うことができる。ただし、アンドロイドのスマートフォンで世界トップのサムスン電子が、不良品問題を起こした。また、それに次ぐのは、技術力が高くない中国メーカーであるため、高度なフィンテックサービスを開発するには、ややハンディがある。

アップルが世界的に普及しているiPhoneを持つのに対して、グーグルのスマートフォン事業は小さい。このため、自社開発のピクセルの生産、販売が軌道に乗るまでは、アップルの優位は崩れそうにない。

マイクロソフトとＩＢＭのフィンテック戦略

アップルとグーグルが、スマートフォンの一般消費者を見据えて決済事業に注力しているのに対して、マイクロソフトはブロックチェーンを軸にフィンテック戦略を構築しようとしている。マイクロソフトのビジネスモデルは、ウィンドウズやマイクロソフト・オフィスなどのアプリケーションをクラウドサービス中心に切り替えたことに対応している。

従来は、各ＰＣにデータが蓄積されていたが、クラウドサービスでは、マイクロソフトやアマゾンなどが提供するサーバーに集中して情報が蓄積される。その結果、スマートフォン、ＰＣ、タブレットなど多くのデバイスから情報にアクセスすることが可能となる。

マイクロソフトは、ブロックチェーンでの取り組みとして、クラウドサービスであるアジュールを活用している。これは、アジュール BaaS（ブロックチェーン・アズ・ア・サービス）と呼ばれ、仮想通貨を使った送金、決済システムである Ethereum（イーサリアム）、Ripple（リップル）、ＩＰＨＳといった様々な種類のブロックチェーンのサービスがアジュール上に用意される。要は、様々なブロックチェーンが使えるようなクラウドサービス提供を目指している。

R３では、アジュール BaaS を推奨クラウドに選定することが決定された。日本マイクロソフトは、みずほフィナンシャルグループなど４社と協働し、ブロックチェーン技術の導入に向けた実証実験を行っている。

同様に、IBMも、ブロックチェーンに注力している。クラウド上のプラットフォームにより、ブロックチェーンサービスを提供している。ここで利用可能なブロックチェーン技術は、リナックス・ファンデーションが主導するオープンソース（プログラムの無償公開）のブロックチェーンプロジェクト（ハイパーレジャープロジェクト）の技術である。これは、多くの開発者にオープンにしたリナックスをベースとしている。ハイパーレジャープロジェクトには、IBMをはじめ、証券取引所、大手IT企業、金融機関なども参加している。

マイクロソフトは、小企業から大企業までを顧客としてカバーし、かつ、多くの種類のブロックチェーンに対応することを目指す。つまり、一つのブロックチェーンではなく、おもなものには、どれでも対応しようとするものである。これに対して、IBMは多くの巨大企業をパートナーとし、多くの企業が参加できる単一のブロックチェーン構築を目指す。

アマゾンとフェイスブックのフィンテック戦略

アマゾンとフェイスブックのフィンテック戦略は、上述2社に比べると小粒だ。ただし、中国のアリババや楽天がフィンテック戦略で功を奏しているように、最終顧客に近いアマゾンとフェイスブックの戦略が注目される。

アマゾンペイメントでは、アマゾン以外のEコマースサイトで購入した際も、アマゾンのアカウントでログインし、決済を完了させることができる。事業者にとっては、注文時の顧客情報、配送先住所、クレジットカード情報の入力の手間が減るため、注文成約率の改善が期待できる。

アマゾンレンディングは、法人の販売事業者向けの融資サービスである。アマゾンマーケットプレイスに参加している小規模事業者が対象で、短期運転資金がタイムリーかつ低コストで調達可能で、売上が計上されるアマゾンのアカウントから自動引落として返済される。事業者の選定には、在庫がなくなる頻度、商品の人気度、在庫サイクルなどのデータをもとに、アルゴリズムを活用している。

フェイスブックは、フィンテックに関しては、送金サービス「メッセンジャーペイメント」を提供している。メガアプリを多く持つだけに、SNSを用いたフィンテック戦略が注目される。

3　追随する世界のフィンテック企業

台頭する中国のフィンテック企業

Eコマースの分野で中国は世界最大の市場であり、世界の40パーセントを占める。それは、中国が世界最大の人口を誇る上、中国政府の検閲を嫌うなどの理由で、米国の有力なIT事業者が事実上活動できないからである。そのため、アリババがアマゾン、テンセントがフェイスブックやツイッター、バイドゥがグーグルを代替する形で、巨大な中国市場を寡占している。

中国は、インターネットやスマートフォンの普及率が高く、2016年に、インターネット利用者は7億人を突破し、そのうち、9割がモバイルインターネットを利用している。

GAFAとBATのフィンテック事業

GAFA	ユーザー数（2015年）	ビジネスモデル	金融商品
グーグル	約2億ユニークユーザー（月次）	データ・マネタイゼーション	グーグルウォレット（2011年）、アンドロイドペイ（2015年）
アップル	8億（iTunes）	データ、ソフトウェア、ハードウェア	アップルペイ（2014年）
フェイスブック	15.5億	データ・マネタイゼーション	メッセンジャーペイメント（2015年）
アマゾン	3.04億	Eコマース	アマゾンレンディング（2012年）、アマゾンペイメント（2007年）

BAT	ユーザー数（2015年）	ビジネスモデル	金融商品
バイドゥ	5.9億	データ・マネタイゼーション	バイドゥウォレット（2014年）、バイドゥファイナンス（2013年）
アリババ	4.07億（LTMのアクティブバイヤー）	Eコマース	アリペイ（2004年）、YueBao（2013年）、Mybank（2015年）、Zhima Credit（2015年）
テンセント	6.97億（WeChat）	データ・マネタイゼーション	テンペイ（2005年）、ウィバンク（2015年）、Wilidai（2015年）

出所：Ronit Ghose, "Digital Disruption: How FinTech is Forcing Banking to a Tipping Point", Citi Research, March 29, 2016, p. 30

Eコマースの決済事業がフィンテック事業の収益源となっている。中国には、大手スーパーマーケットや全国的な百貨店チェーンがないため、リアルの店舗よりもモバイルを使ったEコマースが発達した。

アリババの純利益は1兆4000億円（2016年3月期）と、イーベイの2000億円、アマゾンの720億円、楽天の444億円（2015年12月期）を大きくしのぎ、実質的に、世界最大のEコマース事業者である。アリババの売上高の79パーセントは中国小売市場である。

中国のＩＴ業界では、バイドゥ（検索エンジン）、アリババ（Ｅコマース）、テンセント（・ホールディングス、ソーシャル・ネットワーキング・サービス）の3社が市場を独占している。それぞれの頭文字からＢＡＴと総称され、一方、ＧＡＦＡはグーグル、アップル、フェイスブック、アマゾンの4社を指す。

これらは、シリコンバレーを経験した技術者、世界的な金融機関出身の経営者といった優秀な人材に支えられている（経済産業省「中国におけるFinTechの状況」〔第4回Fintechの課題と今後の方向性に関する検討会合、２０１６年10月〕10ページ参照）。

中国では、金融業の規制、監視が相対的にゆるいので、大手ＩＴ企業が決済で活躍している。中国における第三者型決済（非銀行の認可決済会社）市場は、中国銀聯（Union Pay）の子会社チャイナＵＭＳと、アリババによって設立されたアリペイが大手業者であり、テンセントによって設立されたテンペイ（財付通）がこれらに次ぐ。

中国銀聯は、２００２年に中国政府により設立された銀行間決済会社であり、主力はデビットカード・クレジットカード事業である。アリペイやテンペイは、スーパーマーケットやコンビニなどの小売業者と提携しており、チャイナUMSの牙城を崩しつつある。

アリババやテンセントのフィンテック戦略

アリババの金融サービス事業は、関連会社のアント・フィナンシャルが手掛ける。代表的なサービスはアリペイであり、決済金額で、世界展開するペイパルの3倍以上の規模を誇る。

2004年にアリババが決済事業を手掛けるアリペイを設立した。2010年の金融規制改革(中国で事業を行う非銀行決済会社にライセンス取得を義務化など)により、アリペイを会社分割した。2016年3月末現在、アリペイはアント・フィナンシャルの完全子会社であり、アリババは、アント・フィナンシャルの33パーセントの持ち分を保有する。アント・フィナンシャルは、アリペイのほか、セサミ・クレジット(オンラインの融資査定)、ウエルスマネジメントの余額宝(YueBao)、融資、保険事業(衆安保険への出資)を行っている。

今では、アント・フィナンシャルは、中国を中心とする新興国のフィンテック事業のリーダーである。海外を旅行する中国人の増加を背景に、アリペイは、200以上の国で、15通貨の決済が可能である。海外の小売業者や決済業者と提携し、利用領域を拡大している。日本でも、中国人旅行客が急増しているので、アリペイの急速な普及が想定される。

テンセントは、１９９８年に設立された中国最大のインターネットサービス会社である。QQ、WeChat（中国ユーザー向けはWeixin、微信）といったコミュニケーションツール、SNS、オンラインゲーム、情報ポータル、Eコマース、金融サービスなどのプラットフォームを提供している。主力事業は、SNSとオンラインゲームの手数料収入である。

テンセントグループのテンペイは、決済プラットフォームを提供する。テンペイ成功の要因は、ユーザー規模が大きい点にある。月間アクティブユーザー数は世界でもフェイスブックに次ぐ規模であり、中国工商銀行（中国最大の銀行）などの個人顧客数を大幅に上回る。さらに、テンセントは、銀行や保険など金融サービス分野にも活躍を広げている。

欧州で規模の大きいフィンテック企業

米国と中国と比較して、欧州、日本や他のアジア諸国において、フィンテックはあまり活発ではない。

国際金融センターのロンドンを持つ英国が、積極的にフィンテックを後押ししている。キャメロン前政権下で、２０１４年に「フィンテックの世界的都市」を目指すと発表した。

金融行為監督機構（FCA）のイノベーション・ハブと呼ばれるプロジェクトでは、フィンテックのスタート・アップ企業に対し、新サービスがどのような規制に抵触するかを調査し、アドバイスを行う機能を有する。

上場企業では、以下がある。ただし、米国の上場フィンテック企業と比べて、これらの規模は小さい。

エクスペリアン（アイルランド）

世界37ヵ国で事業を展開する情報サービス会社である。ビッグデータを活用し、信用リスク管理、不正防止、マーケティングのターゲット絞り込みや意思決定の自動化などのサービスを提供している。

ワールドペイ（英国）

英国最大の業者向け決済処理会社である。クレジットカード決済、複数通貨決済、オンライン決済、モバイル決済などのサービスを提供している。

ワイヤーカード（ドイツ）

電子決済処理会社である（1999年設立）。あらゆる規模の企業に対し、オンライン、モバイル、POSと、オンラインベースの決済ソリューションを提供している。

フィンテック革命で遅れる日本

フィンテック市場を支配するのは、フィンテックのプラットフォームを支配する世界的な巨大IT企業になるであろう。強力なプラットフォームをグローバルに維持するには、莫大な研究開発資金と企業買収を実現する財務力が重要である。その意味では、企業の規模は重要である。

日本では、米国や中国のように、大型ITサービス企業が育っていない。特に、消費者向けITサービス企業が弱い。

日本ではベンチャー企業が育ちづらい土壌がある。ITベンチャー企業が十分育っていない。フィンテックベンチャー企業が大きく育つ可能性は必ずしも高くない。そもそも、ベンチャー企業が世界のフィンテック市場で戦うことは考えにくい。日本の大企業といえども、米国のベンチャー企業並みの規模である。たとえば、ペイパルの時価総額は、日本を代表する企業である日立製作所やパナソニックの2倍近い規模である。

さらに、日本企業の場合、グローバルな事業に弱い「ガラパゴス化」に陥ることが多い。たとえば、日本のモバイル決済は、ソニーが開発したフェリカ（NFCの一種）が一般的であり、おサイフケータイやスイカなどに利用される。ところが、フェリカは、日本独自の規格であり、欧米では、タイプAやタイプBと呼ばれるNFCが普及している（第4章参照）。

高い技術力と膨大な資金力を必要とする主要な分野では、大手金融機関が国内外の巨大IT企業と組むことが期待される。日本でも、三菱UFJフィナンシャル・グループ（MUFG）が日立製作所、みずほフィナンシャルグループはソフトバンク、三井住友フィナンシャルグループはNECなど、大手IT企業と組んでいる。戦う相手はアップルやグーグルなど巨大企業なので、大手金融機関が大手IT企業と組む選択は正しい。

米国でも、フィンテックベンチャー企業が生きていくのは困難であるが、日本から世界で活躍するフィンテックベンチャー企業が生まれるとは考えにくい。

結論として、日本を代表する事業会社、金融機関連合のオールジャパンでフィンテックに立ち向かうことが期待される。

第4章　産業界から金融界への進出

1　フィンテックのトップ企業はSBIホールディングス

日本のフィンテック市場は潜在的に大きい

日本は、金融サービスや金融市場に特殊性があるがゆえに、フィンテック市場は潜在的に大きい。今後、フィンテックは産業界と金融界の垣根を低くし、結果として、産業界から金融業への進出が進むであろう。日本では、以下のような特殊性があるため、フィンテックの将来性が高い。

第1に、電子決済（クレジットカード、デビットカード、プリペイドカード）の普及率が低い一方、現金決済の比率が高く、決済の電子化や高度化の余地が大きい。このため、世界でも決済市場がフィンテックの有望市場であるが、日本では特に決済市場が有望であるといえる。

電子決済市場が2015年の56兆円から、2020年に82兆円に急拡大すると予想される（カード・ウェーブ、電子決済研究所、山本国際コンサルタンツ「2020年の国内電子決済市場は82兆円を突

日本の電子決済市場の予測

	2015 金額（兆円）	比率	2020 金額（兆円）	比率	増減（ポイント）
現金決済	231.3	80.6	204.9	71.4	−9.2
電子決済	55.7	19.4	82.0	28.6	9.2
（内訳）：プリペイドカード	8.0	2.8	16.0	5.6	2.8
：デビットカード	0.7	0.3	1.4	0.5	0.2
：クレジットカード	47.0	16.4	64.6	22.5	6.2
合計	287.0	100.0	287.0	100.0	

出所：カード・ウェーブ、電子決済研究所、山本国際コンサルタンツ「2020年の国内電子決済市場は82兆円を突破 電子決済比率は30%へ――プリペイドカード決済の市場規模は16兆円に迫る」（2015年5月25日）

破 電子決済比率は30%へ――プリペイドカード決済の市場規模は16兆円に迫る」（2015年5月25日）。同期間に、現金決済の比率は81から71パーセントに減少する一方、電子決済の比率は19から29パーセントに上昇すると予想される。特に、非接触型ICや電子マネーを含むプリペイド決済が、8兆から16兆円と2倍規模に拡大する見込みであることが注目される。

また、金融機関において、本人確認のために印鑑、暗証番号、磁気テープなどが使われることが多いため、生体認証技術を使う余地が大きい。これにより、高齢化社会で大きな問題となっている「振り込め詐欺」や「オレオレ詐欺」の被害を減らすことが可能となる。

クレジットカードは磁気テープを使うものが多いため、偽造が容易である。政府は、2020年に向けて、偽造の難しいＩＣカードの普及を目指している。

第２に、世界２位の規模を持つ個人金融資産が安全資産中心に投資されているため、資産運用業の成長の余地が大きい。「貯蓄から投資へ」といわれて、久しい。ところが、未だに、個人金融資産の８割が預金や保険などの安全資産に投資されている。個人金融資産の規模は約１７００兆円もあるため、これが本格的に動き出せば、金融サービスの大きな市場が生まれることになる。

金融庁は、金融機関の多くがコストの高い金融商品を販売していることが、個人金融資産の運用の活性化を妨げている要因の一つであると認識している。このため、金融庁は「フィデューシャリー・デューティー（顧客利益の最優先）」を掲げて、金融機関の販売姿勢の適正化を図っている。金融庁とフィンテックが個人金融資産に与える影響ついては、第５章で詳述する。

SBIホールディングスが日本のフィンテック市場を牽引

フィンテックを「金融とテクノロジーの融合」と定義するならば、残念ながら、世界で通用するフィンテック企業は、日本には存在しない。

大手金融機関は、前述のように、米国などと比較するとＩＴ投資の額が小さく、かつそれも既存のＩＴシステムを維持することを主体に使われる。日本では、ビザやペイパルのような世界的なフィンテック専業企業はない。しかも、アップルやアルファベットのような世界的なＩＴサービス企業もない。そもそも、日本企業自体の規模が海外の企業と比較して小さいので、フィンテックベンチャー企業では、世界的なプレーヤーと互角に競うのは難しい。

しかし、一部ではあるが、日本でもフィンテックで急成長する企業が出現しつつある。現在、フィンテック事業で最大の利益をあげているのがＳＢＩホールディングスである。フィンテック事業の利益は、６８５億円（バイオ関連事業を除いた税前利益）である。

ＳＢＩホールディングスが、国内における数少ないフィンテック企業として成功している理由は、以下の通りである。

１　負の遺産がない

創業以来、インターネットを軸とするビジネスモデルを追求してきた。ＳＢＩホールディングスは、創業が１９９９年と若い企業である。その当初から、画期的なサービスによって、旧来型のビジネスモデルを崩すことで成長してきた。このため、多くの支店網や販売員、そして旧式のITシステムなど負の遺産がほとんどない。フィンテック時代においても失うものはほとんどなく、従来のビジネスモデルを大きく変える必要がない。

2　経営者が金融とITの両方に強い

フィンテック事業を成功させるには、金融とIT両方にかかわる深い経営の知識が必要となる。しかし、その両方を深く理解できる国内の経営者は稀《まれ》である。

SBIホールディングスの北尾吉孝社長は、野村證券を経て、ソフトバンクの財務担当責任者（CFO）であった。ソフトバンク在籍時に、ベンチャーキャピタル（VC）ファンドを立ちあげ、2000年前後のITバブル時に多くのインターネット企業に投資し、成功した経歴をもつ。

3　M&Aが巧みである

ITも、フィンテックも、ドッグイヤーといわれるほど変化が激しい。すべて自前主義を貫くと、業界のスピードについていけない。両社とも、買収や提携を軸に、スピード感をもってM&Aを実行している。

さらに、リテール金融ビジネスは総合力が重要であるため、ワンストップショッピングができるプラットフォームづくりが成長のカギとなる。銀行、証券、保険、カードなど、すべての金融サービスを総合的に手掛けており、クロスセル（関連する商品・サービスの購入を顧客に促すこと）に成功している。

インターネット金融サービスの勝者SBIホールディングス

SBIホールディングスは、日本最大のオンライン総合金融機関である。また、他のオンライン金融機関が国内取引に集中しているのに対して、アジアを中心とする海外事業に成功しているのも特色である。

SBIホールディングスは、ソフトバンクのVC事業を起源とし、1999年に、ソフトバンク・インベストメントとして設立された。現在、ソフトバンクとの資本関係は解消した。

主力事業であるSBI証券の利益、預かり資産、口座数、売買シェアは、楽天証券、松井証券、カブドットコム証券、マネックス証券などの競合オンライン証券を圧倒する。SBI証券は、個人の株式委託売買シェアが全体の40パーセント以上あり、2位の楽天証券の2倍以上である（2015年度）。

その圧倒的なシェアと、国内外のIT、バイオ、環境・エネルギー及び金融関連のベンチャー企業に投資しているSBIインベストメントを持つ優位性を生かして、新規公開引受社数では、大手証券をしのいで業界トップである。SBI証券は、オンライン証券でありながら、株式引受業務に強いという特徴は世界でも珍しい。

また、FX取引においても2位以下に大きく差をつけている。証券取引とFX取引の投資家層は重複するが、他社は、証券、あるいはFX取引のどちらかにほぼ特化しており、大きなシナジー効果がみられない。

住信SBIネット銀行は、インターネット専業の銀行である。三井住友信託銀行とSBIホールディングスの共同出資で、2007年に営業を開始した。顧客満足度が非常に高く、2015年度JCSI（日本版顧客満足度指数）では、銀行部門で7年連続1位、オリコン日本顧客満足度ランキング（2016年）のネット銀行部門で、3年連続（6度目）の1位を獲得している。このため、経常利益ではオンライン銀行のなかで中堅であるが、先発企業を急ピッチで追いあげている。

２００８年に営業を開始したＳＢＩ損保は、２０１５年度に黒字化を達成した。ダイレクト系損保のなかでは、効率性の高さが強みである。

ＳＢＩホールディングスは、２０１６年に、フィンテック関連企業を対象にした「FinTechファンド」を設立した。出資金額は３００億円であり、投資対象は、フィンテックで有望なベンチャー企業１００社超を見込む。ファンドの出資者は、横浜銀行、足利銀行など約20行の地銀、フィンテックに親和性の高い事業会社などである。

「FinTechファンド」を通じ、自社の金融サービス事業で、フィンテック関連の新技術を導入し、新サービスの開発、業務効率化、差別化を図る。そこで、グループ内のフィンテック関連企業の一体運営を進めていく戦略である。

また、投資先企業とともに、日本発のグローバル展開可能なフィンテックサービスの構築を目指す。さらに、フィンテック技術を活用し、資金面で中小企業の運営を支援していくという。マネーフォワード、Freee（フリー）などのクラウド会計サービスのユーザーである、中小企業・個人事業主に対するトランザクションレンディング（融資サービス）の開発に着手する。

コーポレートベンチャーキャピタル（CVC：詳細は、後述）の分野では、事業会社と共同でファンドを設立している。SBIインベストメントが事業会社と二人組合となって共同出資する手法で、2016年に、ニコン、インテージホールディングスと組んでいる。

SBIホールディングスのブロックチェーン戦略

SBIホールディングスは、ブロックチェーンのコンソーシアムであるR3に参加した。R3の協働プロジェクトとして、みずほフィナンシャルグループとともに、国際送金の実証実験を開始している。

そして、ブロックチェーン技術を活用し次世代決済基盤を開発・提供するリップルとアジア地域における合弁会社を設立している。日本とアジアで、ブロックチェーン技術を用いた事業展開を行っていく。また、SBI証券は、日本IBMと、分散型プラットフォームによる債券取引システムの開発を行っている。

地銀との提携が成功するかにも注視したい。地銀にとって、フィンテックによるコスト削減と資産運用部門におけるオンライン証券との提携は効果的である。

SBIホールディングスの今後の注目点としては、グローバルなフィンテックVC投資で成功できるか、ということがあげられる。

2　小売・製造業から金融業への参入は、なぜ成功するか

製造業の金融事業は高収益

日本では、事業会社による金融事業の利益が順調に拡大しており、意外に、製造業による金融事業が高収益をあげているのが特徴的である。米国や中国などと異なり、フィンテック専業企業やＩＴサービス企業よりも、事業会社が金融サービスに進出して、成功することが期待される。

事業会社による金融事業は、おもに、以下に分類できる。

1　本業を支援するための金融事業

金融業で利益を生むことが主目的ではなく、高額商品を多くの消費者に販売する手段と

製造業の金融事業の営業利益（2015年度）

会社名	営業利益（百万円）金融	全体	構成比	中核子会社	事業内容
トヨタ自動車	339,226	2,853,971	11.9%	トヨタファイナンシャルサービス（トヨタファイナンス）	自動車販売金融サービス
日産自動車	232,111	793,278	29.3%	日産フィナンシャルサービス、米国日産販売金融	自動車販売金融及びリース事業
ホンダ	199,358	503,376	39.6%	ホンダファイナンス、アメリカンホンダファイナンス	製品販売のサポートを目的とした小売金融、リース等
ソニー	156,543	294,197	53.2%	ソニーフィナンシャルホールディングス	生保、損保、銀行
日立製作所	46,665	517,040	9.0%	日立キャピタル	リース、ローン

注：構成比の分母は、連結財務諸表計上額（営業利益）。日立製作所はEBIT（受取利息及び支払い利息調整後税引前当期利益）。
出所：各社資料

して発達した。本業とのシナジー効果を生むことが狙いであり、自動車や小売が典型例である。トヨタ自動車や丸井グループなどがこれに該当する。大手百貨店はいずれも独自カードを持つが、これらもこの範疇にある。

トヨタ自動車の金融事業の利益規模は、金融機関の利益額上位10社以内にランクされる。日産自動車、ホンダの利益も大きい。日立電機を親会社に持つ金融会社として、日立キャピタル、リコーリース、NECキャピタルソリューション（NECの持分法適用関連会社）などの上場会社がある。いずれも、フィンテック事業ではないものの、製造業と金融は親和性が高いことを示す。

２　銀行、証券、保険などへの本格参入

事業会社が、新規に金融機関（銀行、証券、保険など）を設立（あるいは買収）して、本格参入するものである。設立・買収する目的はシナジー効果や多角化がある。金融庁の監督を受けるため、「本業さえ儲かれば、銀行子会社は儲からなくてもいい」とはならない。独立して、健全経営をすることが求められる。本体とシナジー効果を得ることができるため、セブン銀行のように、歴史が浅いにもかかわらず、高収益な例もある。

事業会社が、多角化の目的で金融業に進出し、それが軌道に乗った結果、金融事業として独立（スピンオフ）する場合がある。金融事業が親会社の保護を必要としないほど大きくなり、かつ親会社とのシナジー効果が薄れた場合に、完全に独立することがある。ニチメン（現　双日ホールディングス）からスピンオフしたオリックス、ソフトバンクからスピンオフしたＳＢＩホールディングス、セゾングループからスピンオフしたクレディセゾンなどがこれに該当する。

主要な新規設立銀行の経常利益（2015年度）

銀行	経常利益（百万円）	設立年	主要出資企業
セブン銀行	37,167	2001年	セブン&アイ・ホールディングス
楽天銀行	15,716	2000年	楽天
イオン銀行	15,104	2006年	イオンフィナンシャルサービス
オリックス銀行	13,126	1993年	オリックス
住信SBIネット銀行	11,698	2007年	三井住友信託銀行、SBIホールディングス
大和ネクスト銀行	9,588	2010年	大和証券グループ本社
ソニー銀行	5,987	2001年	ソニーフィナンシャルホールディングス
ジャパンネット銀行	3,442	2000年	三井住友銀行、ヤフー
じぶん銀行	1,294	2008年	KDDI、三菱東京UFJ銀行

注：オリックス銀行、大和ネクスト銀行、ジャパンネット銀行、じぶん銀行は単体ベース。楽天銀行、イオン銀行、大和ネクスト銀行の開業は設立年の翌年。　出所：各社資料

事業会社からスピンオフした上場金融業の営業利益上位10（2015年度）

	金融業	母体	営業利益（百万円）
1	**オリックス**	**ニチメン（現 双日ホールディングス）**	**287,741**
2	ソニーフィナンシャルホールディングス	ソニー	76,476
3	イオンフィナンシャルサービス	イオン	59,384
4	**SBIホールディングス**	**ソフトバンクグループ**	**55,086**
5	**クレディセゾン**	**セゾングループ（西武百貨店）**	**37,868**
6	セブン銀行	セブン&アイ・ホールディングス	37,168
7	リコーリース	リコー	16,853
8	カブドットコム証券	伊藤忠（母体）、MUFG（親会社）	12,375
9	GMOクリックホールディングス	GMOインターネット	10,603
10	**NECキャピタルソリューション**	**NEC**	**4,980**

注：現在、親会社を持たない企業は太字。　出所：ブルームバーグ

３　コーポレートベンチャーキャピタル（CVC）

近年、急成長しているのが、事業会社によるベンチャー投資、つまりコーポレートベンチャーキャピタル（ＣＶＣ）である。ベンチャーキャピタルファンドに加えて、事業会社がベンチャー企業に投資する例が増えている。米国ではシリコンバレーにあるＩＴ企業が活発に投資している。

日本では、ソフトバンクがヤフーインク、アリババへの投資で大きな成功を収めている。最近では、成功した新興企業がベンチャーキャピタルファンドを運営する例が増えてきた。

トヨタ自動車の金融事業

自動車による金融事業は、収益性が高い。日本の自動車産業は規模が大きく、かつ財務体質が良好である。さらに、グローバル展開しており、特に、相対的に金利の高い米国が主力の市場である。

トヨタ自動車の金融事業の営業利益は３３９２億円（２０１５年度）と、メガバンク以外の大手金融機関を凌駕する規模である。トヨタ自動車は、トヨタファイナンシャルサービス（ＴＦＳ）に金融ビジネスを集中させている。なかでも、自動車ローンの金融事業、米国のローン、リース事業が収益源となっている。TFSの営業利益3025億円のうち、北米事業が1903億円と6割以上を占めている。

同様に、日産自動車、ホンダの金融事業の利益も大きい。ビジネスモデルは、トヨタ自動車と同様であり、米国が収益源である。

課題は、自動車ローン以外のビジネスに多角化できるか、ということである。その点、日本最高の企業であるトヨタ自動車ですら、過去の実績は必ずしも芳しくない。

トヨタの金融事業の歴史は長い。トヨタ自動車は、かつて千代田生命（現ジブラルタ生命）、千代田火災（現あいおいニッセイ同和損害保険）といった系列の保険会社、証券会社（東海東京証券と経営統合）や投資顧問会社（三井住友アセットマネジメントと経営統合）を保有していたことがある。しかし、本業との相乗効果が限定的であり、現在は、経営権を手放している。

フィンテック時代を迎えて、トヨタ自動車などの自動車メーカーが、保険業務に本格的に進出する可能性に注目したい。テレマティクス保険は、IoTを活用して走行距離や自動運転技術を計測し、その結果をもとにした自動車保険である。トヨタ自動車とあいおいニッセイ同和損害保険が提携し、米国でテレマティクス自動車保険サービス会社を設立した。

金融業で大きな利益をあげることを目的とせず、本業の補完に徹すれば、将来性は高いであろう。保険会社などにとっては、「保険で儲からなくても、自動車が売れればいい」というスタンスで攻め込まれれば、脅威となろう。

独創的な商品・サービスを世に送り出すソニーの強さ

製造業のなかでも、ソニーの金融事業の成功は出色である。大手自動車会社の金融事業は、本業に付随したものであって、国内に銀行子会社や証券子会社を持っているわけではない（欧米において、トヨタ自動車、日産自動車、ホンダは、銀行子会社保有）。主目的は、あくまで本業の補完であって、金融業が主力事業ではない。

その点、ソニーは、銀行、生命保険、損害保険など、本格的な金融子会社を設立し、それらを大きく育てあげている。現在では、金融事業の利益は、グループ全体の過半を占める。しかも、世界的な規模のエレクトロニクスメーカーが、本格的な金融事業を大々的に展開する例は、海外でもみられない。

これを理解するには、ソニーのルーツを知る必要がある。ソニーといえば、テレビやブルーレイレコーダーに代表される通り、エレクトロニクスメーカーである。しかし、ソニーのＤＮＡ（根源的な強み）はオーディオ＆ビジュアル（ＡＶ）ではなく、独創的な商品やサービスを世に送り出してきたことである。

ソニーは、戦後間もない１９４５年10月に、今の日本橋コレドの地にあった百貨店（当時の白木屋）で創業した。創業直後に、最初に発売したのは、当時、画期的な新製品だった電気炊飯器だった。しかし、これはヒットせず、東芝などが電気炊飯器市場を支配した。

続いて発売したのが、電気座布団だった。座るとぽかぽか暖かい電気座布団は、爆発的にヒットした。その時のブランドは「銀座ネッスル（熱する）商会」だった。この稼ぎを元手に、１９５０年にテープレコーダーを発売し、その後、１９５５年トランジスタラジオ、１９６０年トランジスタテレビと、次々に、画期的な新商品を生み出した。

その後も、ビデオテープレコーダー、ウォークマン、コンパクトディスク、ミニディスク、プレイステーションと、次々に独創的な新商品を世に送り出した。さらに、ＣＢＳ・ソニーレコード設立、ＣＢＳレコードやコロンビアピクチャーズの買収など、エンターテインメント事業に本格進出したのも、他のエレクトロニクス企業にない画期的なものだった。

金融事業にも息づくソニーのＤＮＡ

このように、ソニーのＤＮＡは電気機械の開発・製造ではなく、独創的な事業を展開することである。このＤＮＡは金融にも生きている。

ソニーの金融事業は、１９７９年の米国の大手生命保険会社との合弁企業、ソニー・プルーデンシャル生命保険（現　ソニー生命）設立にさかのぼる。当時、日本の生命保険業界では、女性契約社員が職場に出向いて営業するスタイルが主体であったが、男性主体のライフプランナーが営業するスタイルをとった点が画期的だった。その後、ソニーはオンライン証券であるマネックスに出資し（１９９８年）、また、ソニー損害保険（１９９８年）、オンライン銀行であるソニー銀行（２００１年）を設立した。

現在のソニーの営業利益の構成比で、もっとも大きいのは金融、そしてエンターテインメント（音楽、映画）である。つまり、現在では、エレクトロニクス事業はソニーの主力事業ではない。ソニーの本業が「独創的な事業」であるだけに、今では金融が本業といって差し支えないだろう。

ソニーは従来型の金融事業には強い。ただし、今後の課題は、フィンテックで、ソニーのDNAを生かせるかということである。ソニーは、決済事業としてEdy（運営会社ビットワレット）を立ち上げたが、収益化できずに、楽天に売却した。ところが、楽天ではこれが大きく花開き、大きな収益源になった。

ソニーの開発した非接触型ICカード技術フェリカは、日本国内の電子マネーのほとんどで利用される、日本独自の規格である。元々、宅配便の物流用タグとして開発され、2001年のEdy、スイカ、2004年のおサイフケータイで採用され、順次、利用が拡大していった。

日本向けのiPhone7には、フェリカが搭載された。アップルとの提携を機会に、ソニーらしく、国際規格のフィンテックモデルをつくりあげることが期待される。

小売業と金融事業の親和性も高い

楽天にみられるように、小売業は、最終顧客に直接アクセスしているため、リテール金融事業と親和性が高い。小売業による金融事業は、①割賦販売、クレジットカード、②銀行、証券、保険などへの進出、③電子マネー、といった形態がある。

小売業による金融事業進出が本格化したのは、2000年以降である。おもな要因とし

主要小売業の金融事業の営業利益（2015年度）

会社名	営業利益（百万円） 金融	全体	構成比	中核子会社	事業内容
楽天	63,899	152,153	42.0%	楽天カード	クレジットカード、銀行、証券、生保、電子マネー
イオン	55,027	176,977	31.1%	イオンフィナンシャルサービス	クレジットカード、フィー（手数料）ビジネス、銀行
セブン&アイ・ホールディングス	49,697	352,320	14.1%	セブン銀行	銀行、カード事業等
丸井グループ	22,186	29,615	74.9%	エポスカード	クレジットカード事業
三越伊勢丹	5,617	33,107	17.0%	エムアイカード	クレジットカード、貸金、損保、生保代理、友の会
高島屋	4,376	32,972	13.3%	高島屋クレジット	クレジットカード、グループ会社の金融業
光通信	4,312	37,483	11.5%	ニュートン・フィナンシャル・コンサルティング	保険事業
J. フロントリテイリング	2,703	48,038	5.6%	JFRカード	クレジットカード事業

注：構成比の分母は、連結財務諸表計上額（営業利益）。楽天は、Non-GAAP ベース。
出所：各社資料

て、①インターネットの発達、②ICチップの技術向上による電子マネーの発達、③規制緩和、などがある。

また、楽天、丸井グループ、イオンでは、主力の流通業並み、あるいはそれ以上に利益を生んでいる。これらからも、小売業と金融業は相性がいいことが証明されている。

小売業で、金融を主力事業としている代表例は丸井グループである。2016年3月期の営業利益の75パーセントは、カード事業が占める（調整額控除後）。あるいは、消費者金融のオリコ、アプラス、ジャック

イオンの金融事業の営業利益推移

(百万円)	FY10	FY11	FY12	FY13	FY14	FY15
総合金融事業	20,717	22,056	33,867	40,884	53,058	55,027
構成比	12.0%	11.3%	17.7%	23.8%	37.5%	31.1%
営業利益(全体)	172,360	195,690	190,999	171,432	141,368	176,977
前年比	32.4%	13.5%	−2.4%	−10.2%	−17.5%	25.2%

出所：イオン、ブルームバーグ　FY＝年度

ス、ポケットカードなどは、小売向けの割賦販売がルーツである。

楽天の金融事業の成功にみられるように、多くの小売業が金融に進出しつつある。先行するのがイオンとセブン&アイ・ホールディングスである。さらに、三菱商事が株式を買い増して関連会社としたローソンが、銀行を設立する。伊藤忠の関連会社であるユニー・ファミリーマートホールディングスの金融事業も注目される。

海外で展開するイオンの金融事業

イオンの金融事業の利益は、楽天に迫る規模である。イオン、イオンモールなど、全国のリテール網に強みがあり、金融事業の店舗展開のコストが低い。しかも、拠点の半分近くは香港、タイ、マレーシアなどアジアを中心とする海外で展開していることが、楽天にない強みである。

イオン全体の収益源が小売から金融・不動産にシフトしている。

2015年度の営業利益が、1770億円に対し、総合金融事業5

50億円、ディベロッパー（ショッピングセンターの開発・賃貸）事業450億円であるのに対し、GMS（総合スーパー）事業は93億円である。

イオンの中核金融事業は、イオンフィナンシャルサービス（AFS）、イオンリート投資法人である。AFSは、イオン銀行、電子マネー、クレジットカード、保険、海外事業を展開している。セグメント別経常利益は、クレジット369億円、海外事業240億円、フィー（手数料）など41億円、銀行12億円である（全体594億円、2015年度）。

電子マネーWAONは、年間利用額が2兆円を突破し、電子マネー市場1位と、市場シェア4割を超える（2015年度）。金融サービスのデジタル化を推進しており、スマートフォンアプリであるイオンウォレットを開発した。スマートフォンに、イオンカード機能の付与、各種情報紹介、クーポン配信、ポイント管理、決済機能搭載などを計画している。

ATM事業で独走するセブン&アイ・ホールディングス

セブン&アイ・ホールディングスの金融関連事業は、銀行事業のほか、クレジットカード事業、電子マネー事業（nanaco）などを9つの金融子会社が行っている。2015年度の金融関連事業の営業利益は、497億円である。収益の柱は、コンビニ事業であるものの

セブン&アイ・ホールディングスの金融事業の営業利益推移

(百万円)	FY06	FY07	FY08	FY09	FY10
金融関連事業	24,547	21,071	25,485	30,152	28,343
構成比	8.6%	7.5%	9.0%	13.3%	11.6%
営業利益(全体)	286,835	281,084	281,864	226,665	243,346
前年比	17.1%	−2.0%	0.3%	−19.6%	7.4%

(百万円)	FY11	FY12	FY13	FY14	FY15
金融関連事業	33,778	37,425	44,902	47,182	49,697
構成比	11.6%	12.7%	13.2%	13.7%	14.1%
営業利益(全体)	292,059	295,682	339,657	343,330	352,320
前年比	20.0%	1.2%	14.9%	1.1%	2.6%

出所:セブン&アイ・ホールディングス　FY＝年度

の、営業利益では、スーパーストア事業の72億円、百貨店事業の38億円を上回る。

セブン銀行の経常利益は372億円と、金融関連事業の中心を担う。提携金融機関からセブン銀行に支払われる手数料がおもな収益源である。セブン銀行の提携金融機関は595社に及び、ATM設置台数は2万台を超える(2016年3月末)。たとえば、野村證券の店舗内ATMはすべてセブン銀行のものである。

これも、セブン‐イレブンの圧倒的な知名度と、2万店を超える店舗網によるところが大きい。通常の銀行業務はわずかであり、ATMに依存したビジネスモデルである。近年、インバウンド増に対応して、訪日外国人向けのATMを開発するなど、サービスの多様化を図っている。

フィンテック時代には、スマートフォンや電子マネーでの決済が中心になるため、ATMは減っていくことであろう。しかし、現金決済がゼロになるわけではない。よって、規模の経済のメリットを受けるセブン銀行の優位性が増すことが考えられる。

課題としては、クレジットカード事業、電子マネー事業の強化があげられる。楽天やイオンと比較して、クレジットカード事業が立ち遅れている。電子マネーも、母体企業の売上高を考えると小さい。コンビニ事業を核とする本業の小売事業は、楽天やイオンと比較すると優位にあるので、フィンテックに注力すれば、潜在的な成長性は高い。

3　CVCでさらなる成長を目指す

急成長するCVC

VC投資のなかで、IT企業が、特定の分野の技術に強いベンチャー企業を買収するCVCが活発化している。2000年前後のITバブル崩壊後、CVCは不振だったが、2

010年代に入って再度盛り返してきた。

世界のVCCの投資に対するCVCの割合は、金額ベースで32パーセントである（2016年上半期）（CB Insights, "The H1 2016 Corporate Venture Capital Report", August 2016）。CVCのランキング1位はGV（旧グーグル・ベンチャーズ）だが、2位のインテル・キャピタルはこれまで総額1兆円以上の投資をして、大きな成功を収めてきた。これに次ぐのが、コムキャスト、セールスフォース、シスコシステムズのVCである。

一般的なVCよりも、CVCのほうが技術には詳しいことが多い。しかも、CVCはVCと違って、投資先企業とシナジー効果を生むことができる。

2000年のITバブル崩壊を契機に、米国のベンチャー企業の出口戦略は、M&Aが主流となっている。情報開示規制強化に伴う上場コストの高まり、市場環境などを反映し（ITバブル崩壊後、ITベンチャー企業の資金調達はやや厳しくなった）、M&Aに抵抗のないベンチャー企業が増えている。2015年の件数ベースで、出口戦略はM&Aが360件に対し、IPO（新規の上場）が77件である。特に、大手ITサービス企業による非上場企業の大型買収が増えている。

近年、買収金額は大型化している。米国大手IT企業による非上場企業の買収例として、

米国におけるCVC投資の推移

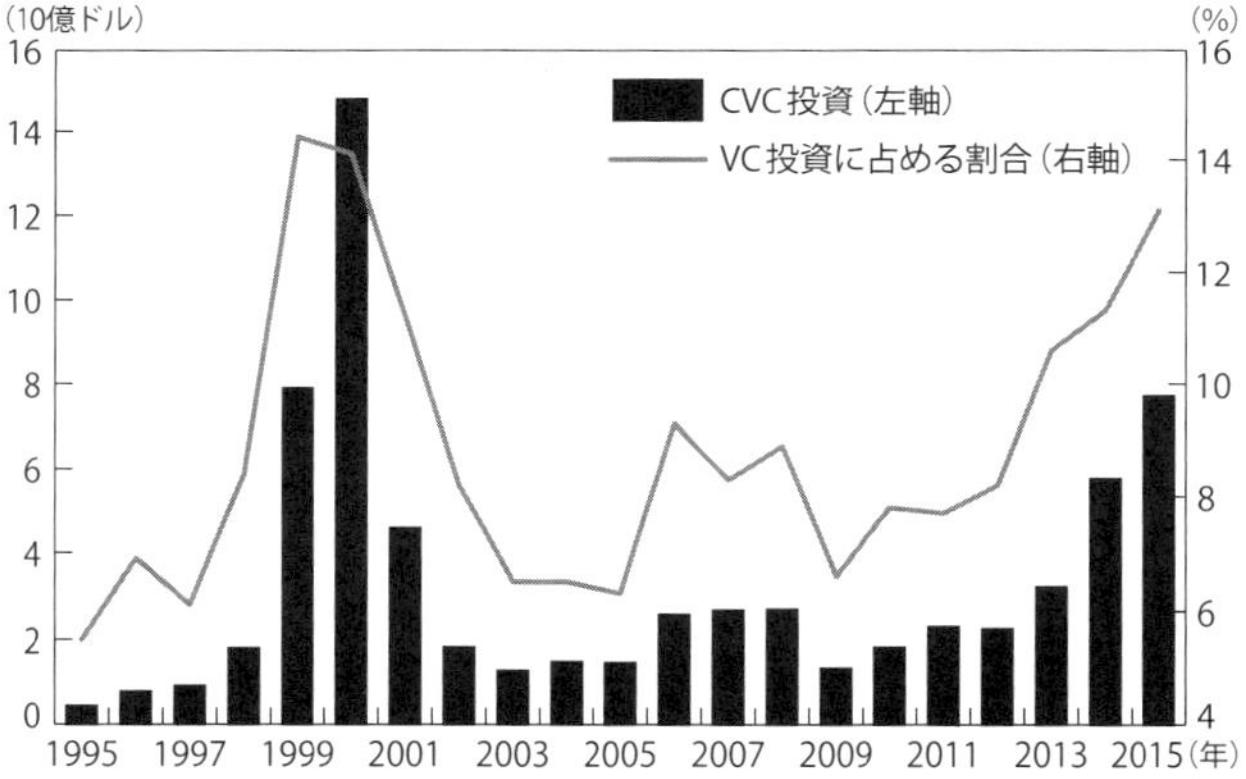

出所：NVCA, "2016 National Venture Capital Association Yearbook", March 8, 2016

フェイスブックによるワッツアップの買収額は２兆円強、マイクロソフトによるスカイプの買収額は１兆円前後である。

歴史的に、成功してきたのが、インテル・キャピタルである。１９９１年の設立以来、57ヵ国、１４４０社以上、総額１１６億ドルの投資を行い、２１２社のＩＰＯ、３８１社のＭ&Ａにかかわってきた（２０１５年末）。

ＣＶＣの手法としては、①事業会社が子会社を設立し、ベンチャー企業に出資、②ファンドへの出資を通じて、ベンチャー企業に投資（ファンドに運用委託）、③ベンチャーキャピタル（ＶＣ）に投資、という３手法がある（野村総合研究所「平成26年度起業・ベンチャー支援に関

する調査　エンジェル投資家等を中心としたベンチャーエコシステムについて　最終報告書」〔経済産業省委託調査、2015年3月〕10ページ参照）。研究開発費を費やして、自前で革新的な技術やサービスを開発するよりも、CVCを通じて、ベンチャー企業を支援することで、その果実を確実に社内に取り込むことが可能となっている。

日本でもCVCが育ちはじめた

一方で、日本のVC投資は小さい。日本籍のVCによる投資は、2015年度に1302億円（海外向けも含む）にとどまり、ピーク比は半減している（ベンチャーエンタープライズセンター「2015年度ベンチャーキャピタル等投資動向調査年度速報」〔2016年8月10日〕）。米国の7兆円、中国の3兆円と比較すると、圧倒的に小規模である。大手VCとして、SBIインベストメント、ジャフコ（野村ホールディングス系）があるものの、それ以外の大手金融機関の系列のVCには目立った成功が少ない。

ベンチャー市場の規模は小さいものの、日本でもCVCが徐々に根づきはじめた。2015年のVC投資のうち、CVC投資が17パーセントを占める（金額207億円）（ベンチャーエンタープライズセンター編『ベンチャー白書 2016』〔2016年11月28日〕I-19参照）。サイバーエージエント・ベンチャーズ、楽天ベンチャーズ、ＮＴＴドコモ・ベンチャーズ、セゾン・ベンチャーズなどが代表例である。

ＫＤＤＩは、ＣＶＣとして、ＫＤＤＩオープン・イノベーション・ファンドを設立している。グローバル・ブレインがファンド運営者となり、国内外の有望なベンチャー企業に投資を行う。事業会社と運用会社が共同でファンドを組成し、ＣＶＣの運営を行う例である。三井不動産やニコンも同様な方式でＣＶＣを設立している。

ＤｅＮＡは、モバイル・インターネットの分野でベンチャー企業への投資を積極的に行っており、対象企業のステージ別に、マイナー投資（持分比率20パーセント以下）、戦略投資・提携、Ｍ＆Ａ・連結化といったアプローチを採用する。

ＣＶＣで成長するソフトバンク

日本のＣＶＣのパイオニアは、ソフトバンクである。ベンチャー企業投資の歴史は古く、１９９２年に、ソフトベンチャーキャピタル（現ＳＢＩホールディングス）を設立している。ヤフー、アリババの投資で大成功を収め、これらを原資に、ボーダフォン日本法人、スプリント・ネクステル（現スプリント）、そしてＡＲＭホールディングス（以下、ＡＲＭ）と、次々に大型買収を実行してきた。

ソフトバンクのCVCの特徴は、第1に、「タイムマシン経営」である。孫正義は、米国の進んだ経営を日本やアジアに移植する手法を「タイムマシン経営」と呼ぶ。1990年代に、米国の有望なインターネット企業に投資し、日本やアジアで多くの合弁会社を設立している（ヤフー、イー・トレードなど）。

出版会社ジフ・デイビス・パブリッシング、展示会運営会社コムデックスなどに投資して、これらから情報を得て投資したのが、インターネット検索会社ヤフーインクであった。そして、ヤフーの日本法人を立ち上げた。

1999年から2000年にかけて、ゴールドマン・サックスやフィデリティなどとともに、創業直後の中国のアリババに約25億円を投資し、株式の約30パーセントを取得した。それが今では、時価総額25兆円（2016年末）の会社となったので、ソフトバンクの持分は8兆円にも上る（2016年6月末現在、持分割合は31パーセント）。

第2に、次の買収を目指すために、売却を躊躇しない点である。日本企業は、買うことは多いが、業績がいい企業を売却することはあまり得意でない。その点、ソフトバンクは高収益企業を売ることをいとわない。代表例は、ヤフー、アリババやガンホーの株式の売

ソフトバンクのM&A案件上位10

	年	対象企業	国	金額（百万ドル）
1	2016	ARMホールディングス	英国	31,879
2	2013	スプリント・ネクステル	米国	21,640
3	2006	ボーダフォン日本法人	日本	14,332
4	2004	日本テレコム	日本	3,064
5	2013	イー・アクセス	日本	2,266
6	1996	ジフ・デイビス・パブリッシング	米国	2,100
7	2013	スーパーセル	フィンランド	1,530
8	2014	ブライトスター	米国	1,260
9	1996	キングストン・テクノロジー	米国	1,071
10	2012	福岡Yahoo! JAPANドーム	日本	1,057

出所：トムソン・ロイター

却である。

２０１６年にソフトバンクが買収した英国のＡＲＭの案件は、日本企業による外国企業買収では最大のものである。日本企業関連のＭ＆Ａでは、歴代５位に入る。買収資金に充てるため、アリババ、スーパーセル、ガンホーの保有株を一部売却している。

ＡＲＭは、世界最大級の半導体設計会社であり、ＣＰＵを中心とした知的財産のライセンスをメーカー各社に提供している（ＡＲＭアーキテクチャ）。つまり、自分で半導体をつくるのではなく、設計によって利益を稼いでいる知的所有権会社である。

ソフトバンクがこれまで手掛けた金融事業は、ベンチャーキャピタル、証券会社、銀行、証券取引所など幅広い。ところが、日本債券信用銀行、ナスダックジャパンなどは売却し、ベンチャーキャピタル、証券会社はSBIホールディングスとして、スピンオフした。

ソフトバンクのCVC戦略

IoT時代の到来を見据えて、ソフトバンクはCVC戦略を強化しはじめた。サウジアラビアと共同で、ソフトバンク・ビジョン・ファンドを設立した。ファンドの規模は、1000億ドル（約11兆円）と過去最大級になる予定である。投資額はソフトバンクが今後5年間で250億ドル（約3兆円）、サウジアラビアのパブリック・インベストメント・ファンドが450億ドル（約5兆円）の予定である。投資対象は、テクノロジー分野の企業である。

2016年に、孫社長は、トランプ次期大統領と会談し、米国に対し500億ドルの投資と5万人の新規雇用創出を約束した。その後、ソフトバンクは、10億ドルを衛星通信ベンチャーのワンウェブに出資し、約3000人雇用する計画を明らかにした。トランプ大統領のツイッターで、スプリントとワンウェブで、合計約8000人雇用する計画が明らかになった。

フィンテック事業にも積極的に参入している。みずほ銀行との合弁会社として、ビッグデータやＡＩを活用した融資会社を設立した。米国のSoFi（マーケットプレイス融資）、スマートフォン向けオンライン証券会社ワンタップバイに出資している。現在、子会社のヤフーを通じて、日本初のネット銀行であるジャパンネット銀行株の41パーセントを保有している。また、完全子会社のソフトバンク・ペイメント・サービス（２００４年設立）が決済業務を行っている。

ただし、三井住友銀行と組んで設立したジャパンネット銀行は、後発の楽天銀行や住信ＳＢＩネット銀行の後塵を拝している。ＡＩやＩｏＴの分野でソフトバンクが活躍することは大いに期待できるが、経営陣に楽天やＳＢＩホールディングスのような金融の専門家が多くないので、フィンテック投資で成功できるかは注目点である。

第5章　フィンテックで個人金融サービスは変わる

1　なぜ、日本の個人金融資産は動き出さないのか

安定資産に偏る日本の家計金融資産

日本の家計部門の金融資産は米国に次いで世界2位と大きい。ただし、その運用には改善すべき大きな課題がある。1700兆円を超える個人金融資産の8割は、現・預金や保険・年金、債券などの安全資産に投資されている。特に、現・預金が個人金融資産全体の半分以上を占めており、一方で、ハイリスク・ハイリターン資産である株式と投信の構成比は小さい。

2015年の個人金融資産の利息・配当収入は14兆円である。つまり、年間の運用利回り（値上がり益を除く）はわずか0・8パーセントにすぎない。

日本では、家計資産は年齢が高いほど多くなり、特に、高齢世帯に偏っている。しかも、若い世代は、金融資産どころか、借金のほうが多い。家計調査（総務省）によると、60歳

家計の金融資産の国際比較

構成比（%）	現・預金（A）	債券（B）	A・B合計	投信	株式等	保険・年金・定型保障	その他	合計（兆円）	利息・配当（兆円）	運用利回り（%）
日本	52.3	1.5	53.8	5.0	8.6	29.8	2.9	1,752	14	0.8
米国	13.9	5.1	19.0	10.7	35.4	32.1	2.8	8,407	259	3.2
ユーロ圏	34.6	3.8	38.4	8.6	16.3	34.2	2.5	2,676	98	4.1

注：日米は2016年9月末、ユーロ圏は2016年6月末。運用利回りは2015年。ユーロ圏の利息・配当には、不動産賃料が含まれる。　出所：日本銀行、内閣府、FRB、BEA、ECB

年齢別貯蓄と負債（2人以上世帯、1世帯当たり平均）

（万円）	貯蓄額	負債額	純貯蓄額	年間収入	貯蓄割合	世帯数分布
29歳以下	255	492	−237	480	0.3%	1.8%
30〜39歳	666	1015	−349	614	4.0%	11.0%
40〜49歳	1,024	1068	−44	734	10.3%	18.2%
50〜59歳	1,751	645	1,106	822	17.0%	17.6%
60〜69歳	2,402	196	2,206	573	33.0%	24.8%
70歳以上	2,389	83	2,306	449	35.4%	26.7%
全世帯の平均数値	1,805	499	1,306	616	100.0%	100.0%

出所：総務省家計調査（2015年）

以上の世帯が貯蓄の68パーセントを保有している。70歳以上の世帯の平均は、純貯蓄額が2000万円以上あり、かつ年収も400万円以上ある。

米国の個人金融資産が活発な理由

米国の個人金融資産は約8400兆円と、日本の約5倍である。利息・配当収入は約260兆円で、年間の運用利回りは3・2パーセント（2015年）と高い。米国は、株式と投信が個人金融資産全体の半分近くを占める。このように、米国は日本よりも利回りが高く、かつ、リスク資産の割合が大きい。

米国では、家計の43パーセントが投信（ETF〔株価指数連動型上場投資信託〕含む）を保有し、家計が米国の投信約1800兆円のうち89パーセントを保有している（2015年末）。特に、後述の確定拠出型年金制度であるIRA、401（k）プランを通じた保有が中心である。

米国で個人金融資産が活発に運用されている理由は、以下の通りである。

1　個人の金融リテラシーが高い
2　政府の規制当局が、販売業者と投資の利益相反を少なくするように努めてきた
3　投信の直販やETFの普及が進み、金融商品の販売コストが低い

いい換えれば、米国と比較して、日本では、個人の金融リテラシーが低い。有価証券（株式、投信、債券、REIT、ETFのいずれか）の保有経験者は、全体の33パーセントにすぎず、投資未経験者の9割が、「有価証券への投資は資産形成のために必要ない」と答えている（インテージ「国民のNISAの利用状況等に関するアンケート調査〔2016年2月〕結果報告書」

〔金融庁、２０１６年3月31日〕)。その理由としては、「そもそも投資に興味がない」「投資はリスクがあり怖い」「投資の知識がない」などがあがっている。

また、金融庁によると、金融商品の販売業者が必ずしも顧客の利益を最優先せず、その上、金融商品の販売コストが高い。これでは、個人金融資産の運用の活発化は期待できない。

以下、これらを順に分析していく。

日米の金融リテラシーの差の原因は年金制度

最大の問題点は、日本の個人投資家が、資産運用についての知識が十分でないことがあげられる。これは、米国では存在しない毎月分配型投信や高コストの投信に投資するファンドラップが、日本で販売額が大きいことでも明らかである（詳細は後述）。

日米両国で、金融リテラシーの差がある要因として、最大の理由は、年金制度の違いである。米国は、個人が年金運用の主役だが、日本では、政府が年金運用の主役であり、個人が年金運用にエネルギーを使うことはあまりない。

年金制度には、年金給付が確定している確定給付型年金制度と、自らの運用の結果によって年金給付が変動する確定拠出型年金制度がある。日本では、前者の規模が大きいため、自ら資産運用を考える必要があまりなかった。

日本では、世界最大級の公的年金制度がある。全国民に共通した「国民年金（基礎年金）」を基礎に、「被用者年金（厚生年金保険）」の2階建て制度である。厚生年金保険は、民間の会社員、公務員、私学教職員も加入し、基礎年金の上乗せとして、報酬比例年金の給付を受けることになる。

日本の公的年金基金である年金積立金管理運用独立行政法人（GPIF）は、世界最大の年金基金である。運用資産で、世界2位のノルウェーの公的年金の1・3倍程度の規模を持つ。いい換えれば、欧米の主要先進国に、これほどまで巨大な年金基金は存在しない。

それは、日本に厚生年金という世界では例のない制度があるからである。厚生年金の特殊性は、民間企業の従業員の年金を国が保障するという点である。外国では、最低保障年金（米国の場合は老齢・遺族・傷害保険OASDI、日本では基礎年金）を除くと、それを超える企業の年金は国ではなく企業が保障する。たとえば、IBMやGEの従業員の年金は、あくまでIBMやGEが保障する。

日本の平均月額（老齢年金）は、厚生年金で15万円、国民年金で7万円である（201

4年度末)。つまり、厚生年金のほうがはるかに大きい。さらに、企業独自の企業年金が加わる。

厚生年金は、1941年に、工場の男性労働者を被保険者とする労働者年金保険法(1944年、厚生年金保険法に改称)が制定されたのがルーツである。戦前は、たとえば、三菱重工や日立製作所の工場労働者は日雇いが原則であって、正社員ではなかった。日中戦争の長期化により、軍需工場の労働者が不足した。そこで、政府は工場労働者の正社員化を進め、その処遇改善のために、年金制度を創設した。1944年には、被保険者が工場労働者から、ホワイトカラー、女性にも拡大された。

国民皆年金体制が開始されたのは、1961年に国民年金制度が創設されてからである。こうした経緯で、世界に例をみないほど民間企業従業員に手厚い公的年金制度ができあった。日本において、老後の家計は、公的年金に依存する傾向にある。

米国の年金制度は確定拠出型が主体

一方、米国では、退職年金資産の半分以上が、確定拠出型である。米国の退職年金資産3000兆円のうち、確定拠出型個人退職勘定(IRA)31パーセント、確定拠出型年金

28パーセント、公務員向け確定給付型年金21パーセント、企業向け確定給付型年金12パーセント、退職積立金8パーセントである（出所：ICI、2015年9月末）。

米国の公的年金制度（OASDI）は、被用者・自営業者を対象にした1階建ての所得比例年金（社会保険方式）である。年金の所得代替率（退職時の所得に対する年金支給額の水準）は、平均賃金者の場合41パーセントである。66歳の満額の月次給付額は約19万円である（2016年）。低賃金者は11万円、高賃金者は30万円である。

米国では、以下の3種類の確定拠出型年金制度が古くから普及しており、結果的に、これらの運用を通じて、国民の投資ノウハウが蓄積された。

1　キーオ・プラン

1962年の創設と、もっとも歴史が古い。法人化していない小規模企業、自営業者、その従業員を対象とした年金制度である。確定拠出型、確定給付型の両方の制度設計が認められている。

2　確定拠出型個人退職勘定（IRA）

1974年に創設され、個人が自助努力で老後資金を準備する制度である。加入対象者は幅広く、70・5歳未満の全労働者及びその配偶者である。

3　401(k)プラン

企業の職域年金の一つである。企業が福利厚生として提供する年金プランであり、加入するかどうかは、従業員の任意である。1979年のジョンソン・エンド・ジョンソンを皮切りに、採用が普及した。他にも、連邦公務員向けのTSP、州・地方公務員向けは457プラン、非営利団体向け403(b)プランがある。

問われる販売業者の営業姿勢

二つ目の論点は、金融商品販売業者の営業姿勢である。金融庁は、手数料稼ぎを目的とした顧客不在の金融商品販売、商品・サービスの手数料水準やリスクの所在がわかりにくいといった問題点を指摘している。そして、金融庁は銀行や証券会社に対して顧客重視の営業姿勢を徹底することを求めている。

金融機関が、顧客の利益を最優先すること（フィデューシャリー・デューティー）を求められているのである。そして、金融商品の販売、助言、商品開発、資産管理、運用などのインベストメント・チェーンに含まれるすべての金融機関（金融事業者）などにおいて、顧客本位の業務運営（最終的な資金提供者・受益者の利益を第一に考えた業務運営）を行うべきとの原則が共有され、実行されていく必要がある（金融庁「平成28事務年度の金融行政方針」〔2016年10月〕11ページ参照）。

森信親金融庁長官は、「販売会社が系列の投資信託会社のつくった投資信託を勧めたり、ラップ口座で運用を系列の資産運用会社が行うなどの囲い込みのような行動がある」「外貨建て変額保険商品の販売に関し、顧客に明示されることなく、6から7パーセントの手数料が商品を提供する保険会社から販売会社に支払われている」といった問題を指摘している（日本証券アナリスト協会 第7回国際セミナー「資産運用における新しいパラダイム」における森金融庁長官基調講演〔金融庁、2016年4月7日〕）。

金融審議会市場ワーキング・グループ報告は、金融庁が「顧客本位の業務運営に関する原則（プリンシプル）」を策定し、金融事業者に対し、原則の取り組み方針、取り組み状況の策定・公表を求め、金融庁がモニタリングしていくことを提案している（金融庁金融審議会「金融審議会市場ワーキング・グループ報告――国民の安定的な資産形成に向けた取り組みと市場・取引所を巡る制

規模の大きい投信の日米比較（純資産額上位５銘柄）

	純資産平均（兆円）	設定以来期間平均	販売手数料平均	信託報酬平均（年率）	収益率（過去10年平均、年率）
日本	1.1	13年	3.20%	1.53%	−0.11%
米国	22.6	31年	0.59%	0.28%	5.20%

注：販売手数料、信託報酬は税抜き。収益率は、再投資分は加味せず。
出所：金融庁「平成27事務年度 金融レポート」（2016年９月）60ページ

度整備について」〔２０１６年12月22日〕）。

金融庁は、投信の販売姿勢の問題点として、各社の販売目標や利益優先であって、顧客の利益優先でないことを指摘する（金融庁「平成27事務年度 金融レポート」〔２０１６年９月〕63〜65ページ参照）。銀行の投信販売額や収益が増加する一方、残高や保有顧客数が伸びていないことから、回転売買が相当程度行われていると推測している。

日本の投資商品は高コスト体質

日本の投信の問題点として、米国と比較して、投資家の負担するコストが著しく高いことがある（前掲、金融庁「平成27事務年度 金融レポート」66〜67ページ参照）。日本では、規模の経済効果が働きにくく、コストが高くなる傾向にある。日本の投信の年経費は１・５パーセント前後だが、米国では、０・０５パーセント前後の低コスト投信（インデックス・ファンド）が資産額上位を占める。

日本の公募投信純資産上位10銘柄（ETF除く）

	ファンド名	会社	投資対象	純資産額（百万円）	信託報酬（%）
1	フィデリティ・USリートB（H無）	フィデリティ	米国REIT	1,555,050	1.40
2	新光 US-REITオープン『愛称：ゼウス』	アセマネOne	米国REIT	1,544,598	1.53
3	ラサール・グローバルREIT（毎月分配型）	日興	世界各国のREIT	1,231,218	1.50
4	フィデリティ・USハイ・イールドF	フィデリティ	米ドル建ハイイールド債	886,358	1.58
5	ダイワ 米国リート・ファンド（毎月分配型）H無	大和	米国REIT	732,306	1.52
6	ダイワ・US-REIT（毎月決算）B為替H無	大和	米国REIT	716,414	1.52
7	ピクテ・グローバル・インカム株式（毎月分配）	ピクテ	世界の高配当利回りの公益株	710,656	1.10
8	グローバル・ソブリン・オープン（毎月決算型）	三菱UFJ国際	主要先進国のA格以上のソブリン債	660,549	1.25
9	ワールド・リート・オープン（毎月決算型）	三菱UFJ国際	世界REIT	601,093	1.55
10	アジア・オセアニア好配当成長株（毎月）	岡三	アジア・オセアニア（日本除く）の高配当株	470,878	1.05

注：2016年末時点。信託報酬は税抜き。H無＝為替ヘッジなし

出所：モーニングスター、各社資料

株価指数を上回るパフォーマンスを目指す運用をアクティブ運用、株価指数に連動することを目指す運用手法をパッシブ（インデックス）運用と呼ぶ。通常、アクティブ運用の投信はコストが高い。アクティブファンドは、買付け時に金額の3パーセント前後の販売手数料が発生し、かつ残高に対して年1から2パーセントの運用手数料などが加わる。

日本は、毎月分配型で、

特定投資対象（REIT、ハイイールド債など）に限定したテーマ型アクティブ運用であるのに対し、米国は、米国株のインデックス運用やMMFが多い。

たとえば、分配金が大きいことから、毎月分配型投信の人気が高い。日本の公募投信純資産上位10銘柄（ETF除く）すべてが、毎月分配型である。しかし、この分配金には元本の取り崩し金が含まれていることが多い。つまり、タコ足配当になっているものが多い。こうした現象も、日本にしかみられない。

一時払い保険やラップ口座の登場

毎月分配型投信などに対する世間の評価が厳しくなるなかで、銀行や証券会社は新たな商品を投入している。しかし、いずれも高コストであるため、これらについても、金融庁による監視が強化されている。

1　一時払い保険

一時払い保険の販売手数料率が、投信と比べて高めに設定されているが、特に、外貨建て一時払い保険の手数料は年々上昇傾向にある（前掲、金融庁「平成27事務年度 金融レポート」68〜

69ページ参照)。金融庁が国会審議で明らかにした手数料は、円建てで1から6パーセント、外貨建てで4から9パーセントである。外貨建て一時払い保険の場合、運用を定額部分と変額部分に分け、定額部分は外国公債で、変額部分は投信やETFで運用し、割高な手数料を徴収する例がみられる。

金融庁は割高な手数料を問題視し、銀行窓口で販売している貯蓄性保険の販売手数料率の開示を販売機関に要請した。大手銀行は開示に踏み切ったが、開示に消極的な地銀も多い。

2 ファンドラップ

顧客が金融機関に資産運用を一任するラップ口座のうち、投資対象を投信に限定したファンドラップが増加している。日本投資顧問業協会によると、2016年9月末時点で、ラップ口座の残高は7兆円である(投信残高の8パーセント)。

ファンドラップでは、資産残高に対して投資顧問料がかかり、さらに、販売手数料はないものの、投信の信託報酬が上乗せされる。金融庁の試算では、4年を超えて保有する場合、ファンドラップが一般の投信のコストを上回り、10年間では、約4パーセント高くなる（前掲、金融庁「平成27事務年度 金融レポート」68～69ページ参照）。そして比較的、手数料の安いETFではなく、高コスト投信、特に、系列会社が運用する投信などに投資されている例がある。米国でも、ラップ口座は年間1パーセント台のフィー（手数料）を取るが、その投資対象は運用コストの低いETFが中心である。

2　激変する世界の資産運用から何を学ぶか

アクティブ運用からパッシブ運用へ

世界的に、投資資産がアクティブ運用からパッシブ運用に、急速にシフトしつつある。株式市場は効率的であり、その時点で利用可能な情報は瞬時に株価に反映されるとの考えを、効率的市場仮説と呼ぶ。効率的市場仮説に立つと、パッシブ運用が、アクティブ運用より優位であり、ベンチマークの収益率を超える超過収益率を獲得できないことになる。つまり、理論的には、アクティブ運用よりもパッシブ運用のほうが、コストが低くて、かつ運用成績がいいことになる。実際に、年金積立金管理運用独立行政法人（ＧＰＩＦ）の日本株のアクティブ運用とパッシブ運用の成績を比較すると、やはり、パッシブ運用のほうが優れている。

このため、運用先進国である米国では、アクティブ運用の資産が流出する一方、パッシブ運用に資金が流入している。２００７年から15年にかけて、国内のパッシブ型株式投信とＥＴＦに約１４０兆円の資金（新規投資・配当の再投資含む）が流入し、国内のアクティブ型株式投信からは約１００兆円の資金流出が起こった（ICI, "2016 Investment Company Fact Book", pp. 46–47）。株式投信の純資産に占めるパッシブ運用の割合は２０００年の９パーセントから２０１５年には22パーセントへ上昇した。

米国の投信（ＭＭＦ除く）の純資産約１５００兆円のうち約１０００兆円が販売手数料無料のノーロード型である（２０１５年末）。株式投信の場合、投資家が実際に支払った経費率は０・７パーセント、４０１（k）の場合は０・５パーセントと低い（２０１５年）。世界的な運用会社バンガード・グループのノーロード投信の経費率は０・２パーセントである。

ＰｗＣによると、世界の資産運用額のうち、２０１２年に、パッシブ運用11パーセント、

米国の公募投信純資産上位10銘柄(ETF除く)

	ファンド名	会社	投資対象	純資産額(百万ドル)	経費率(%)
1	バンガード500インデックス・ファンド	バンガード・グループ	米国株(インデックス)	177,067	0.05
2	バンガード・トータル・ストック・マーケット・インデックス・ファンド(Adm)	バンガード・グループ	米国株(インデックス)	147,724	0.05
3	フィデリティ・ガバメント・キャッシュ・リザーブズ	フィデリティ・インベストメンツ	MMF	138,868	0.26
4	バンガード・インスティテューショナル・インデックス・ファンド(Inst)	バンガード・グループ	米国株(インデックス)	118,036	0.04
5	バンガード・トータル・ストック・マーケット・インデックス・ファンド(Inv)	バンガード・グループ	米国株(インデックス)	103,830	0.16
6	ゴールドマン・サックス・フィナンシャル・スクエア・ファンド	ゴールドマン・サックスAM	MMF	93,794	0.18
7	バンガード・インスティテューショナル・インデックス・ファンド(Ins Plus)	バンガード・グループ	米国株(インデックス)	92,905	0.02
8	バンガード・プライムマネーマーケット・ファンド	バンガード・グループ	MMF	89,535	0.15
9	JPモルガン米政府MMF	JPモルガン・インベストメンツ	MMF	89,195	0.14
10	バンガード・トータル・インターナショナル・ストック・インデックス・ファンド(Inv)	バンガード・グループ	米国除く世界株(インデックス)	87,683	0.19

注：2016年末時点。純資産額は、シェアクラス別。
Adm＝アドミラル・シェア（個人の大口投資家向け）
Inst＝インスティテューショナル・シェア（最低投資額500万ドル）
Inv＝インベスター・シェア（個人の小口投資家向け）
Ins Plus＝インスティテューショナルプラス・シェア（最低投資額2億ドル）
出所：Lipper Performance Report，各社資料

オルタナティブ運用（ヘッジファンドやベンチャーキャピタルファンドなど）10パーセントであったが、2020年には、それぞれ、パッシブ運用22パーセント、オルタナティブ運用13パーセントに拡大するという（PwC「アセットマネジメント2020 資産運用業界の展望」〔2014年12月〕27～29ページ参照）。それ以外の通常のアクティブ運用資産は減ると予想される。

ETFの隆盛

コストが安く、売買の利便性が高いETFは、個別株式や投信の市場シェアを奪って、代表的な投資対象になった。世界のETFの残高は約400兆円（10年前は約70兆円）と急増している。

ETFは、1993年に米国でスタートした。米国のETF市場は約290兆円と、世界の73パーセントを占める（2016年末）。一方、日本は、純資産額（国内ETFのみ）では20兆円であり、世界の5パーセントを占めるに過ぎない。米国では、現物拠出型のETFが多いのに対し、欧州では、デリバティブを利用したシンセティック型ETFが急増している（原田喜美枝「わが国上場投資信託市場の現状と課題：主要国との比較を通じて」〔『信託研究奨励金論集』第35号、2014年11月〕）。

世界のETF資産額上位10（2016年末）

	銘柄名	国	会社	純資産額（百万ドル）	経費率（%）
1	SPDR S&P500 ETF	米国	ステート・ストリート・グローバル	224,820	0.09
2	iシェアーズ・コア・S&P 500 ETF	米国	ブラックロック	90,620	0.04
3	バンガード・トータル・ストック・マーケット・ETF	米国	バンガード・グループ	69,557	0.05
4	iシェアーズ・MSCI EAFE ETF	米国	ブラックロック	59,670	0.33
5	バンガード・S&P 500 ETF	米国	バンガード・グループ	56,485	0.05
6	バンガード・FTSE・エマージング・マーケッツ・ETF	米国	バンガード・グループ	43,948	0.15
7	パワー・シェアーズ・QQQ ETF	米国	インベスコ	41,793	0.20
8	iシェアーズ・コア・米国総合債券・ ETF	米国	ブラックロック	41,554	0.05
9	バンガード・FTSE・先進国マーケッツ ・ETF	米国	バンガード・グループ	40,169	0.09
10	iシェアーズ・ラッセル・2000 ETF	米国	ブラックロック	38,728	0.20

出所：ブルームバーグ

一般的な投信などと比較して、ETFの最大のメリットは、コストが低いことだ。ETFは、オンライン証券でも売買できるため、売買手数料はたいへん低い。加えて、ファンドの中身はインデックス・ファンドなので、運用報酬なども低い。

売買の柔軟性も特徴の一つだ。一般の投信は、1日に1度、基準価格が公表されるが、ETFは取引所の立会時間中、いつでも売買できる。また、ETFは空売りすることができる。トレーディングの電子化による技術進歩で、ETF市場は今後も持続的な成長が期待できる。日本でも多様なETFが組成され、個人投資家の投資対象として定着することだろう。

ＥＴＦ資産で世界最大の、ブラックロックがＥＴＦの経費率を引き下げたことで、バンガード・グループ、チャールズ・シュワブ、フィデリティ・インベストメンツなど他社もその動きに追随し、価格競争が起こっている。株式投信の業界平均は１・３１パーセント、ＥＴＦの業界平均は０・５３パーセントである。それに対し、ブラックロックのＥＴＦの純経費率は、０・０３から０・９４パーセント（平均０・３７パーセント）であり、バンガード・グループのＥＴＦの経費率は０・１２パーセントである。

ＥＴＦ運用会社が急成長

こうした構造変化を受けて、資産運用業界は激変している。２００５年時点では、世界の運用資産額上位３社は、いずれも欧州の銀行系列運用会社であった。それが、２０１５年には、上位３社は米国のＥＴＦを中心とする運用会社で占められた。

世界のＥＴＦ資産残高では、１位がブラックロックの１４９兆円、２位がバンガード・グループの74兆円、３位がステート・ストリート・グローバルの62兆円である（２０１６年末）。大手３社で、ＥＴＦ市場の71パーセントを占め、寡占状態となっている。

世界の運用会社資産運用額上位10社

	2005年	国	運用資産（10億ドル）	2015年	国	運用資産（10億ドル）
1	UBS	スイス	1,975	ブラックロック	米国	4,645
2	アリアンツ・グループ	ドイツ	1,459	バンガード・グループ	米国	3,399
3	バークレイズ・グローバル	英国	1,362	ステート・ストリート・グローバル	米国	2,245
4	ステート・ストリート・グローバル	米国	1,354	フィデリティ・インベストメンツ	米国	2,036
5	フィデリティ・インベストメンツ	米国	1,286	アリアンツ・グループ	ドイツ	1,926
6	AXAグループ	フランス	1,185	JPモルガン・チェース	米国	1,723
7	クレディ・スイス	スイス	1,079	バンク・オブ・ニューヨーク・メロン	米国	1,625
8	キャピタル・グループ	米国	1,021	AXAグループ	フランス	1,489
9	バンガード・グループ	米国	848	キャピタル・グループ	米国	1,390
10	JPモルガン・チェース	米国	792	ゴールドマン・サックス・グループ	米国	1,252

出所：Willis Towers Watson

ブラックロックは、元々、債券中心の運用会社であったが、メリルリンチ・インベストメント・マネジャーズ、ＥＴＦ大手であったバークレイズ・グローバル・インベスターズを買収し、世界最大の総合運用会社となった。

パッシブ運用大手のバンガード・グループは、１９７６年に世界初の個人投資家向けインデックス・ファンドを発売し、ＥＴＦを含む低コストのパッシブ運用の第一人者である。資産額は、２００５年に世界9位だったが、２０１５年には2位にまで順位を上げた。

日本におけるETFの課題

日本では、1995年にETFが開始され、すでに20年以上が経過するが、資産規模では、伸び悩みが続く。日本のETF市場は、およそ健全な資産形成の場とはいい難い。

その特殊性は以下の通りである。

1 日銀がETF資産の半分以上を保有する

日銀は、金融政策として、2010年より、ETFを購入しており、現在、年間約6兆円の購入を信託銀行に委託している。2016年12月時点で、ETFの純資産額（国内ETFのみ）20兆円のうち、日銀の保有額（簿価）は11兆円と、全体の55パーセントを占める。つまり、日銀保有分を除くと、市場はたいへん小さい。

2 投機的な性格を持つETFが売買の中心である

日本では、取引額でみると、レバレッジ型（原指標の日々の変動率に一定の倍数を乗じて算出されるインデックスに連動）、インバース型（原指標の日々の変動率に一定の負の倍数を乗じて算出されるインデックスに連動）ＥＴＦの売買高が多い。これらの代表的なものが、日経平均ブル型、ベア型であり、ＥＴＦの価格が指数の2倍、あるいは3倍変動する。

２０１４年以降、レバレッジ型・インバース型ＥＴＦが、売買代金を牽引する傾向にあり、これらの２０１５年の売買代金はＥＴＦ市場全体の約8割を占めた（東京証券取引所「ETF・ETN Annual Report 2016」〔２０１６年3月28日〕1ページ参照）。つまり、ＥＴＦは資産形成ではなく、投機の道具として使われていることになる。

金融庁は、国民の安定的な資産形成のために、ＥＴＦの活用を掲げるが、課題として、流動性の低さ、認知度の低さが指摘される（前掲、金融庁金融審議会「金融審議会市場ワーキング・グループ報告――国民の安定的な資産形成に向けた取組みと市場・取引所を巡る制度整備について」8〜10ページ参照）。流動性の低さや情報開示が不十分であることから、ＥＴＦの価格形成が非効率であるとの研究もある（岩井浩一「日本のＥＴＦ市場における非効率性とその発生原因」〔金融庁金融研究センターディスカッションペーパー DP2010-5、２０１１年3月〕）。そのため、投資家がＥＴＦの購入や売却が適時に行えないといった事態も起こりうる。結論として、現状のままでは、日本のＥＴＦが米国のように主要な投資対象になる可能性は低い。

3　日本でもフィンテックが金融サービスを変える

台頭するロボアドバイザー

資産運用において注目されるのは、ロボアドバイザーである。顧客自らがオンラインで質問に答える形式で、顧客データの分析が行われ、ビッグデータやアルゴリズムを利用して、ポートフォリオが提案される。AIが囲碁でプロに勝つ時代なので、ロボアドバイザーが人間のファイナンシャル・アドバイザー（FA）よりも、低いコストで高度なサービスを提供しても不思議ではない。

FAやラップ口座の手数料が、年間、資産の1から2パーセントであるのに対し、ロボアドバイザーは0・5パーセント以下と低コストである。米国では、コストの低いETFが投資手段として主流なので、ETFとロボアドバイザーを組み合わせると、格安で資産運用サービスを提供できる。

この流れのなかで、フィンテックは大きな影響を与えることだろう。米国株のETFでは、年間のコストが0・04パーセント（10年間で0・4パーセント）という低コストのものが人気を集めている。ロボアドバイザーを使えば、ETFを10年間保有したとしても、顧客から金融業者に支払われる手数料は合計で1パーセント以下に抑えることが可能となるだろう。この場合、元本が変動しないとすれば、投資家の元本100は10年後に99とほとんど変わらないことを意味する。

大手コンサルティング会社A・T・カーニーの推計では、ロボアドバイザーに関する資産運用残高は、2016年の4兆円から2020年には250兆円に増加するという（Teresa Epperson, Bob Hedges Uday Singh and Monica Gabel, "Hype vs. Reality: The Coming Waves of 'Robo' Adoption Principal", A.T. Kearney, June 2015）。

ロボアドバイザーに分類される企業は、世界で76社あり、そのうち、米国は、24社と最多である（Francis Groves, "Robo Advisors 3.0 - How to Create the Best Customer Journey: From Onboarding to Reporting", MyPrivate Banking Research, June 9, 2016）。ウェルスフロントとベターメントが市場をリードしており、バンガード・グループ、チャールズ・シュワブといった大手企業も参入している。ブラックロックは、2015年に、ロボアドバイザーのフューチャーアドバイザーを買収している。フィデリティは2014年にベターメントとロボアドバイザー事業で提携した。

ETFとロボアドバイザーを組み合わせると、合計で年1パーセント以下の手数料が可能となり、その分、投資家の利益が増える。その意味では、販売手数料や運用手数料の高い日本において、ロボアドバイザーの活躍余地は大きい。日本では、みずほ銀行、三菱UFJ国際投信、楽天証券などがロボアドバイザー・サービスを提供しており、今後、他社も追随していく見込みである。

将来、たとえば、1億円以下の資産運用サービスはAIが代替し、それ以上の富裕層をプライベートバンカーが担うという可能性もあろう。

米国リテール証券会社の経営改革

米国のファイナンシャル・アドバイザー(FA)は、おもに、証券仲介業者であるブローカー・ディーラー(BD)と、登録投資顧問業者(RIA)に分けられる(伊藤宏一「中立的な投資アドバイザー制度の確立のために」〔『月刊資本市場』№356、2015年4月〕)。FAの内訳としては、独立系のアドバイザーが過半近くを占めているため、特定の業者の商品を売るという動機が生まれにくい。収入構成は、運用資産残高に応じたフィーが58パーセントともっとも多く、１時間あたりのフィーが13パーセント、投資商品の売買手数料が９パーセントであった（２０１４年）。

ＢＤは、ＳＥＣに登録し、ＦＩＮＲＡ（金融取引業規制機構）に加盟する必要がある。他にも、ブルースカイ・ローと呼ばれる州法の規制もある。証券会社所属の登録証券外務員（ＲＲ）の場合、ファイナンシャル・コンサルタント（ＦＣ）、ＦＡ、投資コンサルタントなどと称される。さらに、証券会社に所属しない独立系のＢＤも存在する。ＢＤに課されるのは、適合性原則と顧客熟知義務であり、顧客の利益最大化となる推奨を求める。

ＲＩＡは、１９４０年投資顧問業法により規制され、投資顧問業者として、ＳＥＣや州の規制機関に登録し、顧客に投資助言する。そして、顧客に対しては、フィデューシャリー・デューティーを負う。ＲＩＡの多くは、ＣＦＰ（ファイナンシャル・プランナーの上級資格）を取得しており、顧客の個々のニーズに応じたアドバイスを行う。ＲＩＡの場合、資産残高に応じてフィーを徴収する。資産残高に応じたフィーと売買手数料の両方を得るため、ＢＤとして二重登録する場合もある（杉田浩治「米国のファイナンシャル・プランナー」〔日本証券経済研究所、２０１５年９月18日〕８ページ参照）。

現在、リテール証券会社のビジネスモデルは、金融商品売買による手数料ではなく、顧客から預かった資産に応じたフィーの徴収が一般的になっている。1999年にメリルリンチが、FAによる投資アドバイスの対価として、資産残高フィーを受け取るサービスの提供を開始した。そうしたサービスは、投資顧問業の登録対象外とされたが、2007年の最高裁判決で投資顧問業の登録が求められることになった。

リテール証券会社では、マネージド・アカウント(MA)などを通じたサービスが伸びており、資産規模は、2014年末時点で約400兆円に達した(岡田功太「米国SMA・ファンドラップの多様化を促した規制と金融機関経営の変遷」『月刊資本市場』№369、2016年5月)。MAは、顧客と投資一任契約を締結し、ポートフォリオ策定などを行うものである。

さらに、2008年のリーマン・ショックを契機に、レップ・アズ・ポートフォリオ・マネージャー(RPM)のプラットフォーム利用が拡大している。RPMは、顧客のポートフォリオ・マネージャーとして、フィデューシャリー・デューティーを顧客に対し負う一方、投資内容に広い裁量を持つ。大手証券会社、RIA、独立系BDがRPMのサービスを提供する。

日本では、証券会社の営業員が個人投資家の売買に対して助言をして、その対価として売買手数料を得る。しかし、米国では、ファイナンシャル・プランナーとファンドマネージャーの役割を持つＦＡが、資産残高に応じて、収入を得るのが主流となっている。しかも、独立系のＦＡが増えているため、コストの高い系列金融機関の商品を売ることはなくなりつつある。

フィデューシャリー・デューティーの重要性

従来型の営業スタイルは、証券会社の営業員が、売買のたびに手数料を得ることであったが、現在、独立系のＦＡが投資アドバイスのサービスに対し、資産残高に応じて投資顧問料を得る営業スタイルに変化した。その際、ＦＡが、顧客の利益を最優先して業務を行うことがたいへん重要になる。

ＦＡに対して、顧客との利益相反をなくすため、フィデューシャリー・デューティーの規制を強化する動きがある。２０１０年のドッド・フランク法９１３条では、ＢＤに対し、投資顧問業者と同様なフィデューシャリー・デューティーを課すことができるとされ、法整備の検証と、規則の制定権限をＳＥＣに付与した。ＳＥＣは、２０１１年に検証レポートを公表したが（SEC, "Study on Investment Advisers and Broker-Dealers", January 2011）、まだ規則の提案は行われていない。

米国労働省は、２０１６年に、ＩＲＡや４０１（k）など年金・退職口座の投資アドバイスに関し規制を強化する規則を公表した（EBSA Final Rules, "Definition of the Term 'Fiduciary'; Conflict of Interest Rule-Retirement Investment Advice", April 8, 2016）。２０１７年から適用開始となる。エリサ法（従業員退職所得保障法）と内国歳入法（ＩＲＣ）におけるフィデューシャリー・デューティーの対象となる投資アドバイスの定義が拡大され、４０１（k）からＩＲＡへの移行に関するアドバイスや、ＢＤによる推奨行為も規制の対象となる。

金融機関が、手数料や報酬を受け取る場合、自らフィデューシャリー・デューティーが課されていることを認める。そして、行動規範の遵守、利益相反防止のポリシー策定、利益相反情報・費用の開示などが求められる。

米国では、バンガード・グループのように、低コストの直販型運用会社が資産規模を増やしており、そのため、低コストの投信の長期保有を推奨する独立系のＦＡが増加している。ＦＰＡは、投信よりも、種類が豊富なＥＴＦを積極的に推奨している（FPA Research and Practice Institute, "2016 Trends in Investing Survey Where Financial Advisers are Investing Now", June 7, 2016）。

第6章　そして、日本株は復活する

1　アベノミクス大転換とトランプ大統領の登場

安倍内閣は長期政権化する

フィンテック革命は、日本の個人投資家のマネーの流れを大きく変えるであろう。上場株式のみならず、未公開ベンチャー企業への投資などが増えれば、日本経済や企業活動が活性化することになる。そこで、最後に、フィンテック革命が株式市場に与える影響について分析する。

株価の決定要因は、おもに、二つある。

1　経済、金融、政治などのマクロ要因
2　産業、企業、技術などのミクロ要因

マクロ要因は、短期的にはもっとも有力な株価決定要因である。アベノミクス相場やトランプ相場にみられるように、なかでも、政策がたいへん重要である。そこで、日本株の将来を展望するにあたって、安倍政権の政策、そして米国ドナルド・トランプ大統領の政策を分析することとしたい。

明治維新以来、安倍政権は、史上最長の政権になる可能性がある。これまでの自民党総裁任期は1期3年で、1度だけ再任可能、つまり、最長6年だった。これが2度まで再任可となり、最長9年になった。これにより、安倍首相の党総裁任期は、最長で2021年9月末までとなる。

安倍首相の総理大臣就任は2012年12月だったので、任期満了の場合、在任期間は連続して8年9ヵ月となる。これは、佐藤栄作の7年8ヵ月を上回り歴代最長の連続政権となる。また、第1次政権と合計すると9年9ヵ月となり、桂太郎を上回って、通算でも歴代最長となる。

石破茂ら有力な総理総裁候補はいるものの、依然として、安倍内閣の支持率は高い。しかも、201

首相の通算在任期間上位10

		通算在任期間
1	桂　太郎	7年11ヵ月
2	佐藤栄作	7年8ヵ月
3	伊藤博文	7年5ヵ月
4	吉田　茂	7年2ヵ月
5	小泉純一郎	5年5ヵ月
6	安倍晋三	5年0ヵ月
7	中曽根康弘	4年11ヵ月
8	池田勇人	4年3ヵ月
9	西園寺公望	3年10ヵ月
10	岸　信介	3年4ヵ月

注：2016年末現在。　出所：首相官邸

2年の衆議院選挙勝利以降、国政選挙は5連勝して、衆参両院で圧倒的な多数を持つ。野党第1党である民進党の支持率は低迷し、与党を脅かす存在とはいい難い。以上を総合すると、健康問題など特別な事態が生じない限り、安倍政権は2021年まで持続する可能性がある。

金融政策からAI革命へ

安倍政権は、政権発足以来、財政政策、金融政策、成長戦略の3本の矢からなるアベノミクスを経済政策の柱としてきた。そのなかでも、もっとも注目を集めたのが、インフレ目標2パーセントを掲げる日銀の金融緩和である。2013年に、2年間でインフレ率を2パーセントに高めることを目標として、日銀は大規模な金融緩和を実施した。これが一般に言われる「黒田バズーカ」だ。

日銀が導入した「異次元の金融緩和」は、日銀が国債を大量に買って、民間のマネーを供給することを目指した。そして、銀行などが国債の売却代金の多くを当座預金として日銀に預けた。

日銀当座預金とは、日銀に対し取引先の金融機関が預けている当座預金である。当座預金などのうち、超過準備（法律上義務づけられた金額以上）に利息がつけられる（付利0・1パーセント）。2016年には、当座預金の一部について、マイナス金利が導入された。

異次元の金融緩和開始後、インフレ率は一時的に上がったものの、効果は長続きせず、インフレ率はゼロパーセント前後で推移している。そして、現在、インフレ目標2パーセントが達成できると考える専門家はほとんどいない。

2016年度の国債発行額は39兆円にとどまるが、日銀は年間80兆円もの国債を買い続けている。2016年9月末現在、普通国債の発行残高は825兆円だが、日銀の保有額は411兆円と全体の50パーセントを占める。この調子で買い続ければ、2020年代半ばには日銀がすべての国債を買い尽くすことになる。

いい換えると、日銀の大規模な金融緩和を際限なく続けることはできない。安倍政権が長期化するとすれば、アベノミクスが日銀の金融政策に過度に依存することは適切でない。

そこで、アベノミクスの主役を金融政策から成長戦略にバトンタッチする必要がある。アベノミクスは、過度な金融政策重視から、経済産業省が推進する成長戦略である第4次産業革命へシフトしつつある。そして、第4次産業革命の中核はAI革命である。

2016年に公表された日本再興戦略によると、第4次産業革命とは、IoT、ビッグ

世界の株価推移

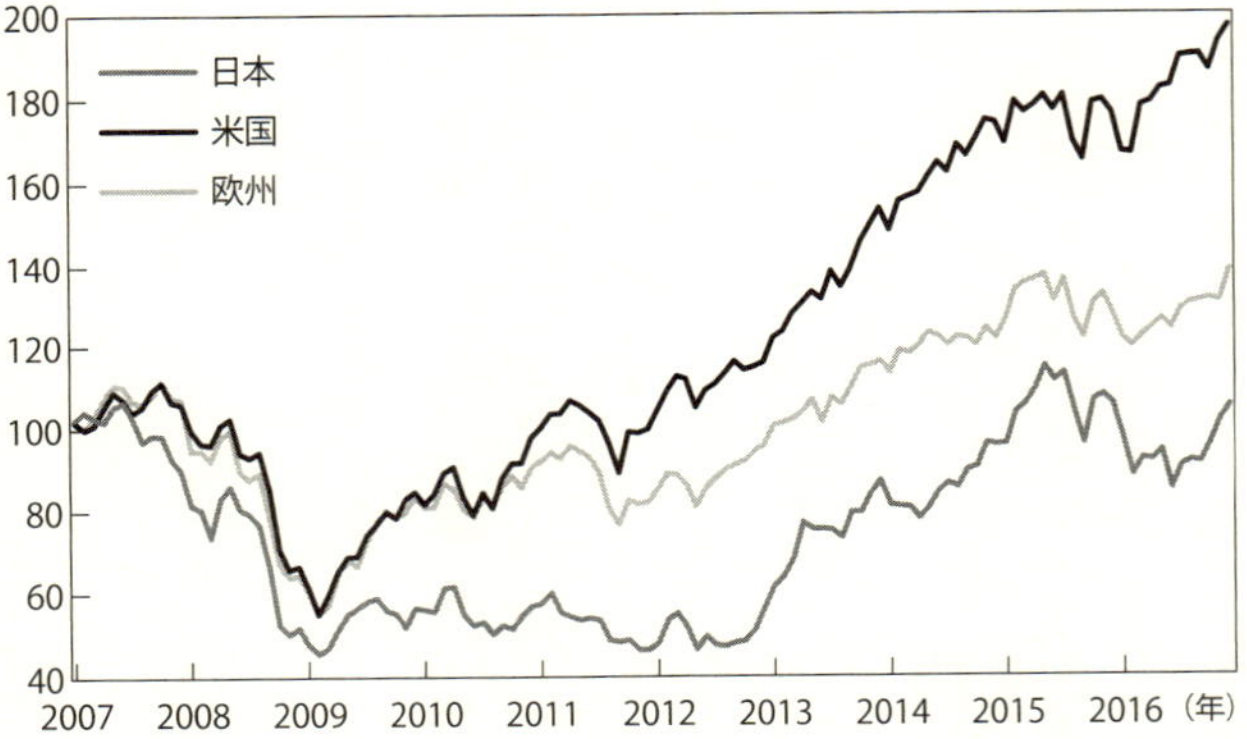

注：2006年末＝100。　出所：MSCI

データ、人工知能（ＡＩ）、ロボット・センサの技術的ブレークスルーを活用するものである。これにより、人口減少・高齢化などの社会的問題を解決し、消費者の潜在的ニーズを呼び起こすような新たなビジネスを創出する。一方で、既存の社会システム、産業構造、就業構造を一変させる可能性がある。

トランプ勝利で世界株高がはじまった

米国大統領選挙における予想外のドナルド・トランプ共和党候補の勝利は、世界に衝撃を与えた。さらに、世界を驚かせたのは、その後の金融市場の反応、つまり、株高、ドル高、金利高であった。

大統領選挙で事前に有利とされた、ヒラリー・クリントンの政策は格差是正を前面に打ち出していたため、その政策は大企業や富裕層にとっては必ずしもプラスではない。一方で、トランプの政策は大規模減税などその多くは株高に結びつくものであった。

大統領に就任してからも、イスラム圏7ヵ国から米国への入国を制限する大統領令に対する全国規模の抗議活動や、トランプ政権に批判的なメディアに対する過激な発言は続いている。だが、トランプの経済政策への期待が、金融市場に対して大きな安心感を与えているのだろう。

トランプ勝利は予想外であるが、冷静に考えれば、それほど不思議ではない。というのも、過去8年間の民主党オバマ政権で、米国の低成長が続いたからだ。歴史的にみても、2010年代の成長率は低い。こうした不満が投票行動に表れたとも考えられる。

トランプに政治、行政の経験がないことが懸念されるが、大統領を取り巻くスタッフは充実している。各省の長官や主要官僚はすべて政治任用であるため、日本のように、国会議員から選ぶ必要はなく、実力本位で行政府の幹部を構成できる。また、副大統領は、上院議長を兼ねるため、議会対策という点で、その重要性が高い。

つまり、米国では、大統領個人の資質に極端に影響されることのない統治機構ができあがっているのだ。だからこそ、経験がなくても、成功した大統領は数多い。

たとえば、映画俳優出身で、外交経験が皆無だったロナルド・レーガンは、ソ連との冷戦を制した。連邦上院議員をわずか3年経験したに過ぎないオバマ大統領は、キューバと国交回復、イランに対する経済制裁解除という歴史的な偉業を成し遂げた。また、アーカンソー州知事であったものの、経済の専門家ではなかったビル・クリントンは、情報スーパーハイウェー構想を成功させ、1990年代の高成長を成し遂げた。

トランプの経済政策は株高要因

トランプ大統領が、経済政策を公約通り実行できれば、世界の株価にとって大きなプラス要因になるだろう。ビジネスマンとして経験豊富なトランプの経済政策は、以下のように、株価を上昇させる要素を多く持つ。

財政政策が注目されることが多いが、最大の注目点は、金融政策である。トランプは、FRBイエレン議長の更迭について言及しており、低金利政策の継続を掲げる。

FRB議長や理事を指名するのは大統領である(上院の承認が必要)。よって、任期の切れる2018年に、イエレン議長を再任しないものと予想される。もちろん、イエレンがトランプの主張する金融緩和継続を受け入れるのであれば、続投もありうる。ちなみに、米国連邦準備法にはFRBの独立性は明記されていない。つまり、大統領の意思が金融政策に反映しやすい仕組みであるといえる。

米国の金利は緩やかに上昇するだろうが、経済成長率、インフレ率とも1パーセント台と低水準であるため、基本的には低金利が長期化するであろう。以下の理由から、トランプ政権が長期のドル高と金利上昇を容認するとは思えない。

1　ドル高と金利上昇は米国経済を悪化させる

とりわけ、ドル高はトランプ大統領の支持基盤である工場労働者の雇用にとって脅威となる。金融引き締めはドル高要因である。もし、ドル高がこれ以上続けば、米国の国際競争力がさらに低下し、トランプ支持層の離反を招きかねない。

2　金利上昇は不動産市況と株価に対して悪影響をもたらす

過去の利上げは、2000年、2007年以降の株価急落（に続く、住宅バブル崩壊）を生んだ。トランプは不動産会社の経営者として4度の破産を経験した。そして、娘夫婦も不動産業を経営し、その娘婿の実家も不動産業者である。よって、金利上昇はトランプ一家にとっても避けたいはずだ。

その他に、法人税減税、所得税減税を中心とする財政政策、民間を中心とするインフラ投資なども注目されている。また、金融規制緩和は金融株、エネルギー開発促進はエネルギー株に対してそれぞれプラスの効果を持つ。

2 フィンテック革命でマネーの流れが変わる

長期的に株価はミクロ要因で決まる

アベノミクスやトランプ相場にみられるように、政策を中心とするマクロ要因の株価に対する影響は大きい。しかし、10年単位の長期では、ミクロ要因のほうが重要性は増す。

過去10年間（２０１６年末、ＭＳＣＩ）の株価上昇率は、米国が97パーセントと、欧州39パーセント、日本５パーセントを圧倒している。しかし、同期間の年平均経済成長率（出所：ＩＭＦ）は、米国１・３パーセントと、ユーロ圏０・６パーセント、日本０・４パーセントとそれほど大きく違わない。つまり、米国の株価上昇は、景気などのマクロ要因では説明できない。

それは、株式市場が上場企業の発行する株式で構成されているからだ。たとえば、米国株とは、米国経済に投資するのではなく、米国企業の発行する株式に投資することを意味する。同様に、日本株とは、日本経済に投資するのではなく、日本企業の発行する株式に投資することを意味する。

米国株上昇の主因は、ミクロの強さである。過去10年間の情報技術（ＩＴ）革命において、アップル、アルファベット（グーグル）、マイクロソフト、アマゾン、フェイスブックなど米国企業が圧勝した。過去10年間の時価総額増加額上位をこれら米国巨大ＩＴ企業が占める。一方で、インターネットはＩＴサービス業が主役なので、モノづくりの得意な日本企業は十分に活躍できなかった。

過去10年間の時価総額増加額上位10社（2016年末）

	米欧先進国	国名	セクター	時価総額（兆円）	10年間増加額	日本	セクター	時価総額（兆円）	10年間増加額
1	アップル	米国	IT	71.0	62.6	ソフトバンクグループ	電気通信サービス	8.5	6.1
2	アルファベット	米国	IT	61.9	45.7	KDDI	電気通信サービス	7.8	4.2
3	アマゾン・ドット・コム	米国	一般消費財・サービス	41.0	39.1	キーエンス	IT	4.9	3.4
4	フェイスブック	米国	IT	38.2	38.2	ファーストリテイリング	一般消費財・サービス	4.4	3.2
5	バークシャー・ハサウェー	米国	金融	46.2	26.7	富士重工	一般消費財・サービス	3.7	3.2
6	マイクロソフト	米国	IT	55.6	21.8	大塚HD	ヘルスケア	2.8	2.8
7	ビザ	米国	IT	20.9	20.9	リクルートHD	資本財・サービス	2.7	2.7
8	アンハイザー・ブッシュ・インベブ	ベルギー	生活必需品	24.6	20.0	第一生命HD	金融	2.3	2.3
9	ウェルズ・ファーゴ	米国	金融	31.8	18.0	ダイキン工業	資本財・サービス	3.1	2.1
10	フィリップ・モリス・インターナショナル	米国	生活必需品	16.3	16.3	オリエンタルランド	一般消費財・サービス	2.4	1.8

注：2016年末時価総額上位200社対象。2006年末時点で未上場企業の時価総額はゼロと仮定、政府保有株式放出の日本郵政、ゆうちょ銀行、JTを除く。1ドル＝115円で換算。

出所：ブルームバーグ

ミクロの大きな変化を全体的に表すものが、投資テーマである。あらゆる大相場には、それを牽引するテーマがあり、その中核銘柄が相場全体を牽引するという歴史がある。

たとえば、1998年から2000年の上昇相場のテーマはＩＴ革命であり、ソフトバンクなどが相場を牽引した。2003年から07年のテーマは中国を中心とするBRICsであり、鉄鋼、海運、商社の株価が大きく上がった。そして、2012年から15年のテーマは黒田バズーカを中心とするアベノミクスであり、銀行と自動車が相場を牽引した。

AI革命が次の投資テーマ

2020年に向けて、世界的な相場のテーマは人工知能（AI）革命になるだろう。株式市場のテーマという点では、AI革命の主戦場は、前述の3分野である（第1章）。

1　自動運転

自動車のIT化において、トヨタ自動車、ホンダ、日産自動車などが世界をリードしてきた。また、自動運転に不可欠なセンサ、電子制御用デバイスなどにおいて、日本電産、デンソー、村田製作所、京セラ、オムロンなどは世界のトップ企業である。

また、NTTドコモやKDDIは、自動運転に欠かせない第5世代移動体通信システム（5G）の開発で世界をリードしている。特に、KDDIの筆頭株主は京セラとトヨタ自動車であり、これらによる自動運転技術の共同開発の歴史は長い。

2　ロボット

ファナック、安川電機は産業用ロボットで世界トップクラスである。ただし、AI革命では、ソフトバンクやサイバーダインが先行するサービス用ロボットが有望分野である。デバイスでは、工場の自動化用のセンサに強いキーエンスや、モーターに強い日本電産が世界的な競争力を持つ。

3　フィンテック

前述のように（第4章）、産業界と金融界の垣根が低くなり、その結果、産業界から金融業への進出が加速するだろう。この分野は、世界的にブランド力のある自動車（トヨタ自動車、日産自動車、ホンダ）や電機（ソニー）などの消費財メーカーが強い。

このように、サービス業が主戦場だったIT革命と異なり、AI革命では製造業が主役になる。だからこそ、モノづくりに強い日本企業が優位に立つことができる。しかも、AI革命の主役の企業は、いずれも時価総額が大きいので、市場全体を牽引することができるのだ。

フィンテック革命で復活する日本株

フィンテック革命は、マネーの流れを大きく変えるだろう。リスクマネーが株式市場に本格的に流入し、新興企業の成長を促進することが期待される。これこそ、日本株復活の処方箋だ。

前述のように、米国株が大きく上がっている理由は、アマゾンやフェイスブックなど若いハイテク企業が大きく成長したからだ。米国は資産運用が活発であるため、リスクマネーが若い企業に流れ、そして、それらが成長して、果実を投資家にもたらすという好循環が発生している。

一方で、パナソニックや日立製作所に代表される日本の大手IT企業の多くは、戦前に創業された伝統的な企業である。そして、日本の時価総額上位企業の多くは、銀行（メガバンク3社とゆうちょ銀行）と旧国営企業（通信4社、JT、日本郵政）で占められる。つまり、日本では、若いハイテク企業が育っていない。

日本の個人金融資産約1700兆円の大部分が、現・預金などの安全資産に投資されている。リスクマネーが相対的に小さいので、若いハイテク企業に十分お金が行き渡らない。

そこで、フィンテックによって資金の流れを変えて、ベンチャー企業を育成することが必要となる。２０２０年に向けて、ＡＩ革命、長期化する低金利、インバウンド増、５Ｇの導入など、ベンチャー企業の成長機会は増えている。また、安倍晋三首相を本部長とする日本経済再生本部が、ベンチャー企業育成のための国家戦略である「ベンチャーチャレンジ２０２０」を発表するなど、政府もベンチャー育成に本腰を入れはじめた。

フィンテックが進歩すれば、個人投資家による未上場のベンチャー投資が活発化するだろう。クラウドファンディングが成長すれば、個人が気軽にベンチャーファンドに投資できるようになるはずである。

豊富な個人金融資産がハイテクベンチャー投資に向かい、結果として、個人投資家が儲かれば、米国同様の好循環が生まれることが期待できる。こうして、株式投資を通じて、リスクマネーが成長企業にふんだんに供給されることとだろう。

２０００年をピークとするＩＴバブルでは、ＩＴ関連の小型成長株が大きく上昇した。同様に、フィンテックでマネーの流れが変わるであろう２０２０年頃に、ＡＩ関連の新興企業ブームがやってくることが期待される。

株価は「EPS×PER」

株価は、上場企業の１株当たり利益（ＥＰＳ）と株価収益率（ＰＥＲ）を乗じたものだ。これは、いい換えれば、株価は、①企業の利益、②企業に対する市場の評価、の両方で決まるということになる。

日経平均の昨年（２０１６年）の高値は2万０８６８円だった。つまり、ＥＰＳとＰＥＲの両方が当時の１・2倍になれば、日経平均は3万円を超えることになる。

ＥＰＳの20パーセント増加は、十分にありうることだ。法人企業統計によると、２００7年度（リーマン・ショック前のピーク）の全産業（金融除く）の純利益は22兆３０００億円だったが、２０１４年度24兆５０００億円と、その前のピークを10パーセント上回った。よって、次回の景気のピーク時に、史上最高益を大きく更新することは大いにありうることである。

一方で、常識的にはＰＥＲの上昇は容易でない。現在のＰＥＲは16倍台（今期予想ベース）だが、これが18倍台以上になることが必要だ。日本では、時価総額上位企業は、ＰＥＲが低い傾向にある金融や自動車の構成比が高いため、全体のＰＥＲは低い。そして、ハ

日米時価総額上位10社のPER

	米国	セクター	時価総額（兆円）	PER（倍）	日本	セクター	時価総額（兆円）	PER（倍）
1	アップル	IT	71.0	12.9	トヨタ自動車	一般消費財・サービス	22.4	12.1
2	アルファベット	IT	61.9	22.9	NTTドコモ	電気通信サービス	10.5	14.8
3	マイクロソフト	IT	55.6	20.9	NTT	電気通信サービス	10.3	12.8
4	エクソンモービル	エネルギー	43.0	41.7	ソフトバンクグループ	電気通信サービス	8.5	9.4
5	アマゾン・ドット・コム	一般消費財・サービス	41.0	75.5	KDDI	電気通信サービス	7.8	13.3
6	フェイスブック	IT	38.2	28.0	JT	生活必需品	7.7	16.7
7	ジョンソン・エンド・ジョンソン	ヘルスケア	36.0	17.2	ホンダ	一般消費財・サービス	6.2	11.5
8	GE	資本財・サービス	32.1	21.2	日産自動車	一般消費財・サービス	5.0	8.5
9	AT&T	電気通信サービス	30.0	15.0	キーエンス	IT	4.9	32.7
10	P&G	生活必需品	25.9	21.7	ファーストリテイリング	一般消費財・サービス	4.4	40.2

注：金融除く、2016年末時点、ブルームバーグ今期予想。アルファベットはA株。時価総額は、1ドル＝115円で換算。
出所：ブルームバーグ

イテク株の地盤沈下が続いているため、全体的にPERが長期的に下がってきている。

一方で、米国のPERは17倍台である。これは、成長力の高いITやヘルスケアなどのハイテク株の構成比が高いからである。たとえば、時価総額上位企業のアルファベット、アマゾンやフェイスブックのPERは高い。

日銀のETF大規模購入は続く

ただし、通常であれば起こ

らないようなことも、一定の条件が満たされればありうる。それは、日銀がＥＴＦを年6兆円購入し続けることである。これが長期化すれば、ＰＥＲが切り上がる可能性もあろう。

黒田総裁の任期は２０１８年まであるので、２０１６年からはじまったＥＴＦの購入は２０１８年まで3年間続く可能性が高い。ＥＴＦ購入が3年間続けば、合計18兆円となる。アベノミクス相場（２０１２～15年）では外国人が計20兆円買い越したが、それに匹敵する大きな規模だ。

安倍首相の自民党総裁としての現在の任期は、２０１８年9月末までだ。黒田総裁の任期満了は２０１８年4月8日なので、次期日銀総裁も安倍首相が指名する可能性が高い。そうであれば、黒田路線を継承する総裁が選ばれると考えるのが自然である。

仮に、これが２０２０年まで続けば、日銀によるＥＴＦの購入は累計30兆円にもなる。つまり、アベノミクス相場時の外国人をはるかに上回る規模の買いが続くかもしれないという話だ。常識的には考えにくいのだが、株価を重視する安倍政権が長期化すればありうるのではないか。

もちろん、中央銀行がこれほどの規模で株式を買い続けることは世界でも例がなく、止めるべきという意見もある。確かに、市場のゆがみを生むことも事実である。また、そもそも、インフレ率を2パーセントに上げるために、株式を買うというのも理解しづらい。日銀が買っているETFは、おもに東証株価指数（TOPIX）と日経平均に連動している。TOPIXは、東証一部上場約2000社の株式すべてで構成される。

その結果、成長性が乏しく、かつ株式の流動性も乏しい小型株を、日銀が持続的に買い上がることになる。これでは、市場による淘汰が進まず、ゾンビ企業が生き残ることを許しかねない。よって、ETFの大規模購入は副作用があることは否定できない。

ただし、日銀がETFの購入を削減するという方針を出せば、株価が大きく崩れる可能性がある。ETF購入によるゆがみが大きくならない限り、これは続くのではないか。

前述のように、日銀が国債を年80兆円も買い続けることは持続性に乏しい。早晩、日銀は国債購入額を徐々に減らすようにならざるをえないだろう。しかし、インフレ率が2パーセントを大きく下回るなかで、国債購入減額と同時にETF購入減額を実施するのは、困難である。これも、日銀がETF購入額を容易には減らせない理由の一つである。

一方で、ETFの買いは年6兆円に過ぎず、この手段の持続性は高い。東証一部の時価総額は500兆円以上なので、日銀がすべて買い尽くすには100年近くかかることになる。

日経平均3万円も視野へ

最後に、フィンテック革命が日本株の上昇要因になる理由をまとめると、以下のようになる。

1　リスクマネーが経済、企業活動を活性化する

フィンテックは、マネーの流れを変え、安全資産を中心に投資されている個人金融資産を、日本株を含むリスク資産に向かわせることだろう。さらに、ハイテクベンチャー企業に資金が向かい、未公開企業の成長を促進するだろう。

2　金融収益の増加が経済成長率を引き上げる

仮に、日本の金融資産の投資収益率が年1パーセント向上すれば、年17兆円（日本のGDPの3パーセント以上）の所得が発生する。これを実現すれば、日本の経済成長率が上がり、かつ投資家の利益が大きく増える。

3　事業会社が金融業に進出して、利益を増やすことができる

トヨタ自動車やソニーなどの消費財メーカーは、すでに1000億円単位の利益を金融事業から得ている。楽天、イオンなどの小売業の金融事業からの利益も順調に増加しつつある。消費者と密接な関係がある通信や鉄道などが金融業に本格的に進出すれば、これら以上の利益を得ることが考えられる。

日本は伝統的にモノづくりを尊ぶ一方で、非製造業、なかでも金融の役割を軽視する傾向がある。投資や投機をマネーゲームと呼び、モノづくりよりも下にみる傾向がある。そして、稼いだお金を有効に運用することにはあまりエネルギーを注いでこなかった。しかし、メーカーもマネーで稼ぐような時代になろうとしている。

経済の血液であるマネーが、敢然とリスクを取って成長分野に流れるようになれば、2020年代に、日本株市場は長年の停滞を脱却して本格上昇へ向かうことだろう。

おわりに

ビジネス構造が抜本的に変わるという点で、フィンテック革命は、パソコンが登場した1990年前後の大型コンピュータ業界、そしてスマートフォンが登場した2010年前後のパソコン業界に似ている。また、銀塩フィルムが衰退した2000年代の写真フィルム業界の状態に近い。

汎用コンピュータの覇者であったIBMは、その主力市場をパソコンに侵食され、経営危機に陥った。パソコンの覇者であったヒューレット・パッカードやデルは衰退し、写真フィルムのガリバー的存在であったコダックは経営破綻した。

ところが、優れたリーダーがいれば、伝統的な巨大企業であっても、構造的な変化に対応することは可能である。IBMは、ルイス・ガースナーがCEO就任後、大型コンピュータメーカーから、総合システムコンサルティング企業に変身した。富士フイルムホールディングスは、写真フィルムメーカーから、ヘルスケアや事務機器を中核事業とする企業に変身した。

それでは、オンライン金融サービスを成功させることができなかった大手金融機関が、フィンテック事業を成功させることができるであろうか。もちろん、容易ではない。要は、リーダー次第である。おそらく、フィンテック事業を成功させる少数の金融機関と、淘汰される多くの金融機関に分かれるであろう。

結論として、限られた数の金融界の勝者と産業界からの新規参入の成功者が、切磋琢磨する形で、フィンテック革命をリードすることであろう。

本書は、SBI大学院大学金融研究所フィンテック研究会の研究成果をまとめたものである。SBI大学院大学金融研究所最高顧問北尾吉孝氏（SBIホールディングス代表取締役執行役員社長）、同理事長竹中平蔵氏（元経済財政金融担当大臣）、同顧問五味廣文氏（元金融庁長官）、同顧問田中達郎氏（シティグループ・ジャパン・ホールディングス会長）、同グローバル金融研究会代表山﨑達雄氏（元財務官）には、大所高所から貴重な助言を頂戴した。

また、一橋大学大学院国際企業戦略研究科野間幹春准教授とフィンテックについて共同研究を行っているが、その成果でもある。この場を借りて、関係者の皆様に深く謝意を表するものである。

2017年2月

藤田勉

【著者】
藤田勉（ふじた つとむ）
SBI大学院大学金融研究所所長、一橋大学大学院客員教授。シティグループ証券顧問。一橋大学大学院博士課程修了、経営法博士。内閣官房経済部市場動向研究会委員、経済産業省企業価値研究会委員などを歴任。2006〜10年日経人気アナリストランキング日本株ストラテジスト部門5年連続1位。おもな著書に『グローバル金融規制入門』（中央経済社）、『日本企業のためのコーポレートガバナンス講座』（東洋経済新報社）、『最強通貨ドル時代の投資術』（平凡社新書）がある。

平凡社新書843

フィンテック革命の衝撃
日本の産業、金融、株式市場はどう変わるか

発行日——2017年4月14日　初版第1刷

著者————藤田勉
発行者———下中美都
発行所———株式会社平凡社
東京都千代田区神田神保町3-29　〒101-0051
電話　東京（03）3230-6580［編集］
　　　東京（03）3230-6573［営業］
振替　00180-0-29639
印刷・製本—株式会社東京印書館
装幀————菊地信義

ISBN978-4-582-85843-3
NDC分類番号338　新書判（17.2cm）　総ページ200
平凡社ホームページ　http://www.heibonsha.co.jp/

平凡社新書　好評既刊！

444 第3次オイルショック　日本経済と家計のゆくえ　永濱利廣・鈴木将之
原油の価格変動のメカニズムと、我々が直面するリスクを詳細に示す！

453 日本の15大財閥　現代企業のルーツをひもとく　菊地浩之
幕末期以降に誕生した財閥が、戦後どのような再編を経て現代企業を形成したか。

464 日銀を知れば経済がわかる　池上彰
世界の金融危機が生活を脅かす時代、日本銀行を知れば、経済の見かたが変わる！

521 経済学は死んだのか　奥村宏
「経済学の危機」はなぜ起こったのか。原因を探り、その再生の道を示す。

572 日本人と不動産　なぜ土地に執着するのか　吉村愼治
土地所有の歴史、都市計画や住宅政策の問題点、不動産格差などを論じる。

604 インド財閥のすべて　躍進するインド経済の原動力　須貝信一
躍進を続けるインド経済、その成長をけん引するインド財閥の足跡をたどる。

626 大解剖 日本の銀行　メガバンクから地銀・信金・信組まで　津田倫男
内の経験があり、外からも様々な局面で接してきた筆者による銀行未来予想図。

630 日本の地方財閥30家　知られざる経済名門　菊地浩之
何代何十年もその地域の高額資産を誇り、地方経済で無視しえない家系を紹介する。